深度学习教学改进丛书

教育部基础教育课程教材发展中心 课程教材研究所 组织编写

田慧生 主编
刘月霞 副主编

马云鹏 主编

吴正宪 副主编

深度学习：走向核心素养

（学科教学指南·小学数学）

教育科学出版社

·北京·

本项目研究由北京王府公益基金会提供部分资金支持

丛书编委会

主　任: 田慧生

副主任: 刘月霞　张国华　莫景祺　陈云龙

委　员 (按姓氏笔画排序):
马云鹏　王　健　王云峰　支　瑶　刘　莹
刘卫红　刘晓玫　齐渝华　闫寒冰　李　广
李春密　吴正宪　何成刚　张　晓　张铁道
罗　滨　郑　葳　胡久华　郭　华

本册编写人员

主　　编: 马云鹏
副 主 编: 吴正宪
参编人员: 崔海江　孙京红　孙兴华　付　丽　张秋爽

丛书序

党的十八大明确提出"把立德树人作为教育的根本任务"。2014 年 3 月，《教育部关于全面深化课程改革 落实立德树人根本任务的意见》强调把课程改革作为落实立德树人根本任务的一个重要抓手和突破口，并首次提出要研究制订学生发展核心素养体系，把核心素养落实到各学科教学中。党的十九大进一步强调"落实立德树人的根本任务，发展素质教育"。2017 年 12 月，教育部印发了新修订的普通高中课程方案和各学科课程标准，把党的教育方针中关于学生德智体美全面发展的总体要求具体化、细化为学生发展核心素养；各学科结合学生发展核心素养的要求和学科特点，进一步凝练出学科核心素养，并把学科核心素养作为确定课程目标、遴选教学内容、设计教学活动的主要依据。

为全面深化课程改革，落实立德树人根本任务，从 2014 年 9 月起，教育部基础教育课程教材发展中心（简称"中心"）组织专家团队，在借鉴国外相关研究成果和总结我国课程教学改革经验的基础上，着手研究开发深度学习教学改进项目，将其作为深化基础教育课程改革的重要抓手和落实学生发展核心素养及各学科课程标准的实践途径。我们希望通过深度学习教学改进项目的实施，推动课堂教学关系的深度调整和人才培养模式的重大变革，引领教学理念、教学方式、评价体系、教学组织管理制度等全方位的变革。

　　该项目旨在通过改进教育教学，指导学生进行深度学习。同时，我们将项目研究定位为行动研究。参与项目研究的全体人员既是研究者，又是实践者，大家针对课程教学改革中的重点和难点问题，边研究、边实验、边解决问题。项目在实施过程中，始终坚持理论与实践相结合。一是坚持研究先行，成立了由高校专家、教研员、校长和骨干教师组成的项目研究组，对深度学习的基本理论和实践模型进行研究，提出了基本理论框架；同时，依据基本理论框架，构建实践模型，指导教师围绕教学设计和教学实践开展研究与实验工作，鼓励教师整理积累教学设计案例，进一步验证和丰富深度学习的基本理论。二是坚持实验为重，设立了实验区和实验校，先行在北京、重庆、广东、四川、江苏、山东、浙江、河南等地的15 个实验区的 90 多所实验学校开展实验，上千名教研人员、实验学校校长及骨干教师参与了研究和实验。北京市海淀区作为项目实验示范区，先行先试，为其他实验区提供经验、案例和培训人员，通过示范引领，实现项目的有效推进。4 年来，各实验区教师创造和积累了数百个教学实践案例。三是坚持集中研修与个别指导相结合。定期召开项目研修班、实施交流会，搭建网络交流平台和开展网络研修活动；组织项目组专家赴实验区指导，推动项目研究与实验持续发展。4 年来，先后组织专家 200 余人次赴实验区进行实地指导。专家们参与集体研修和交流，开展网络在线研修，实地指导实验人员达 6000 余人次，大大提高了教师的教育教学能力和水平，有力地推动了实验区教研质量的提升和教学改革的开展，受到了区域、学校和教师的广泛好评。有一位参加实验的教师在培训心得中这样写道："自区域开展深度学习教学改进项目以来，我一直都是参与者和实践者。在参与的过程中，我的教育思想和教育行为都发生了比较大的变化。例如，每次我在设计教学的时候，都会首先考虑我的学生能从课堂中学会什么，以及如何设计活动让他们把在课堂中学到的东西用于生活实际……"

经过 4 年的研究与实验，项目取得了阶段性成果。一些成果陆续在《课程·教材·教法》《中国教育报》《基础教育课程》等报刊上发表，引起了教育界的广泛关注。为了进一步总结各地的实验经验和研究成果，为广大教研员和教师提供落实学生发展核心素养的脚手架，中心决定在总结项目研究成果的基础上，出版"深度学习教学改进丛书"，包括理论普及读本、学科教学指南和教学案例选。理论普及读本意在通过项目组专家对项目基本理论和实施策略的解读，帮助广大教研员和教师理解项目的基本理念和实施策略；学科教学指南包括初中语文、数学、英语、物理、化学、生物、历史，小学语文、数学、英语 10 个学科，意在为广大教研员和教师提供相关学科实施深度学习的基本思路和操作指南；教学案例选遴选了在项目研究与实践中形成的优秀典型案例，意在为教师开展深度学习教学改进项目实践提供参考。我们期望这部丛书对教师在教学中如何落实学科核心素养起到借鉴和参考作用。

尽管深度学习教学改进项目取得了阶段性成果，但是这些成果还只是初步的，无论是在理论层面还是在实践操作层面都还很不完善，需要不断得到丰富和发展。下一阶段的项目研究与实验要重点做好以下几个方面的工作。

一是进一步深化研究。在理论认识上要进一步明确深度学习的基本概念、基本特征、意义和价值；在实践操作上要进一步细化，让教师容易理解、掌握深度学习的基本理论框架和操作要求，并且能够在课堂中真正落地实施。同时，要坚持问题导向。在研究与实验中要不断发现问题，聚焦问题，找准深化研究的着力点，在着力点上发力、下功夫。

二是进一步加强沟通和指导。深度学习教学改进项目的实施需要项目专家团队、教育行政部门、教研部门、学校、教师团队等各个方面的通力合作。只有各个方面形成项目实施共同体，项目实施才能真正取得实效。为此，我们要加强沟通和指导，形成各方联动的推进机制。同时，要充分利用信息技术和互联网，建立项目实施的信息交流平台。

三是加强实验教师的研修。深度学习教学改进项目实施的关键在教师。深度学习的基本理念和实践操作要真正被教师所理解和掌握，需要一个过程。因此，需要进一步完善项目研修内容、研修形式和研修机制。

四是进一步加强区域和学校统筹。要使深度学习教学改进项目真正取得实效，一定要将其纳入区域和学校的工作规划，使之成为区域和学校深化基础教育课程改革、落实学生发展核心素养的重点工作，并提供必要的保障条件，形成区域统筹以及区域、学校、教师职责明确和上下联动的机制。

这部丛书还只是深度学习教学改进项目研究与实验成果的阶段性总结，我们希望随着项目研究与实验的不断深入，丛书能够得到进一步充实、修订和完善。也希望广大教育工作者，特别是广大教研员和教师提出宝贵意见和建议。下一阶段，我们将继续深化义务教育阶段项目研究与实验，并适时启动普通高中阶段深度学习的研究与实验工作。

田慧生

教育部基础教育课程教材发展中心主任

课程教材研究所所长

2018 年 11 月

目 录

前　言

　　党的十八大以来，以习近平同志为核心的党中央高度重视基础教育课程教材和教学改革。党的十九大更加重视立德树人的目标在各教育领域的落实。习近平总书记在 2018 年全国教育大会（以下简称"全教会"）上指出，"要努力构建德智体美劳全面培养的教育体系，形成更高水平的人才培养体系。要把立德树人融入思想道德教育、文化知识教育、社会实践教育各环节，贯穿基础教育、职业教育、高等教育各领域，学科体系、教学体系、教材体系、管理体系要围绕这个目标来设计，教师要围绕这个目标来教，学生要围绕这个目标来学"，对新时代教育教学改革提出了明确的高层次的目标。

　　为深入贯彻全教会精神和立德树人的目标，依据《国家中长期教育改革和发展规划纲要（2010—2020 年）》和《教育部关于全面深化课程改革　落实立德树人根本任务的意见》的精神，指导学校和小学数学教师改进教学，提高小学数学教学质量，解决小学数学课堂教学中存在的突出问题，探索促进学生发展、学习的策略和方法，培养学生的核心素养，开展了小学数学深度学习教学改进项目。为规范、有序地推进小学数学深度学习的研究，编写了《深度学习：走向核心素养（学科教学指南·小学数学）》（以下简称

《指南》）。

　　《指南》旨在推进小学数学深度学习的实施。它以《义务教育数学课程标准（2011 年版）》（以下简称"课程标准"或"课标"）确定的第一、二学段的数学核心内容为线索，遵循深度学习的基本理念，帮助小学数学教师和数学研究者理解小学数学深度学习的内涵与意义，为小学数学教师提供教学设计指导和相应案例，推动基于课程标准进行小学数学深度学习的实践，深化小学数学学科的教学改革，创新小学数学学科的教学研究。

　　具体来说，《指南》阐述了小学数学深度学习的内涵与意义，介绍了什么是小学数学深度学习和为什么开展小学数学学科的深度学习；较为详细地介绍了小学数学深度学习的教学设计，提供了深度学习教学设计的基本环节与策略，展示了深度学习教学设计的基本要素，包括单元学习主题的选择、单元学习目标的确定、单元学习活动的设计，以及持续性评价的开展；结合具体实例展示了如何进行深度学习教学设计，包括确定单元学习主题、确定单元学习目标、设计深度学习教学活动、设计持续性评价等内容。《指南》还提供了实施深度学习的策略，包括教师如何实施深度学习和教研如何推进深度学习。

　　《指南》最后还提供了若干深度学习教学案例。教学案例是依据教学设计指导，选择小学数学的典型内容或主题，在实验与研究的基础上形成的。教学案例的展示与分析为教师提供了借鉴与指引。

第一章

小学数学深度学习的内涵与意义

第一节 什么是小学数学深度学习

深度学习是一种课堂变革的理念和课堂教学的设计思路。"所谓深度学习，就是指在教师引领下，学生围绕着具有挑战性的学习主题，全身心积极参与、体验成功、获得发展的有意义的学习过程。在这个过程中，学生掌握学科的核心知识，理解学习的过程，把握学科的本质及思想方法，形成积极的内在学习动机、高级的社会性情感、积极的态度、正确的价值观，成为既具独立性、批判性、创造性又有合作精神，基础扎实的优秀的学习者，成为未来社会历史实践的主人。"[①]深度学习是发展学生核心素养的有效途径。深度学习过程着眼于学生对所学内容的整体理解，促进学生的知识建构和方法迁移，并有助于学生高阶思维的发展，让学生在解决问题的过程中提高核心素养。

小学数学深度学习则是在教师引领下，学生围绕着具有挑战性的学习主题，全身心积极参与、体验成功、获得发展的有意义的数学学习过程。在这个过程中，学生开展以从具体到抽象、运算与推理、几何直观、数据分析和问题解决等为重点的思维活动，获得数学核心知识，把握数学的本质和思想方法，提高思维能力，发展核心素养，形成积极的情感、态度和正确的价值观，逐渐成为既具独立性、批判性、创造性又有合作精神的学习者。深度学习的教学设计重点在于精心设计问题情境和学习任务，引发学生认知冲突，组织深度探究的学习活动，关注对学生的持续性评价。

---

① 刘月霞，郭华. 深度学习：走向核心素养（理论普及读本）［M］. 北京：教育科学出版社，2018：32.

一、以数学核心内容为线索确定学习主题

　　小学数学深度学习围绕具有挑战性的学习主题展开，学习主题以数学核心内容为线索来确定。数学学科的核心内容是指数学学科领域中具有共同要素的主要内容和关键内容。核心内容构成数学学科稳定的内容结构，形成学科领域的主线。数学核心内容在学科本质上有共同性，在思维方式上有同一性，在学习方式上具有共同特征，在教学设计上具有一致的核心要素。

案 例 链 接

　　"数的认识"是义务教育阶段数学学习的一组具有共同的本质特征的重要内容。"数的认识"包括整数、小数、分数、有理数等，这些内容在学科本质上都具有抽象的特征，自然数的认识是从数量抽象为数，分数和有理数是对具体的数量或关系的抽象表达。由于这样一组核心内容有共同的本质特征，认识和理解这些内容的关键的思维方式都是从具体的数量和关系中抽象出数这样的特点；同样，学生学习这类知识时所遇到的关键问题也有共同的特征，他们可能都只是停留在具体的数量的认识水平，可能都对于数的认识产生某种误解，或都不理解抽象的数字所表达的真实的含义。因此，在"数的认识"内容的教学设计中，要抓住这类内容教学的核心要素，作为课堂教学的突破口。如在具体的情境中使学生经历由数量到数的过程，为学生设计探究数的抽象意义的情境等。"数的认识"是数学学科中重要的"核心内容"，"数的认识"是学习数学的开始，也是学习后继数学内容所必需的知识基础。以某一个阶段的数的认识为主题进行的教学设计，对于这一类内容的学习具有示范的价值，也可以覆盖更多的这类内容的学习。

小学数学学科的核心内容包括数的认识，符号的认识，数的运算，数量关系，图形的认识，图形的测量，数据的收集、整理与表达，等等。每一个核心内容群，还可以分解为若干个小的核心内容。

小学数学的深度学习以数学核心内容为线索，基于核心内容选择深度学习的主题。一类核心内容群中的核心概念可作为深度学习的主题，运用数学核心概念解决的真实问题也可作为深度学习的主题。如"小数的意义""小数除法"作为核心内容可成为深度学习的主题，"货币与我们"也可作为认识计量单位元角分的真实问题而成为深度学习的主题。

二、以核心素养为重点确定学习目标

深度学习围绕具有挑战性的学习主题展开，以促进学生发展为目标进行教学设计。深度学习所确定的学生学习的目标包括对核心知识的理解与掌握，以及在掌握核心知识的过程中，培养学生的核心素养。学生的核心素养包括共同核心素养和学科核心素养，某一个数学核心内容所蕴含的高阶思维和关键能力可以看作相关的学科核心素养。学生的核心素养应当成为深度学习教学设计重点关注的学习目标。学生核心素养的确定需要通过核心内容的单元整体分析来完成——通过单元整体分析，从学科本质的分析和学情分析中，提炼学习主题所反映的高阶思维和关键能力。核心教学目标的提炼，是对单元内容整体分析的结果。

案 例 链 接

"小数的意义"是"数的认识"这一核心内容的重要主题，"小数的意义"单元包括小数的意义、小数的性质、小数比较大小等内容；小数的意义与整数的意义、分数的意义有共同之处，也有其特定的含义。小数的意义理解的关键在于小数部分的单位的建立与位值的理解。学生的基础是，已经有了小数的初步认识、整数的十进制记数法等知识，但他们在沟通整数与小数的关系、理解小数数位的位值上可能会存在一些困惑。教学重点在于利用情境以及小数的初步认识，理解小数，建立小数概念。

在分析小数的意义的学科本质的基础上，要分析不同版本的教材。整体分析这一单元的教材呈现，包括例题和习题的设计——它们是怎么呈现的，为什么这样呈现，它们之间的关系等。如人教版教材将"小数的意义和性质"安排在四年级下册，用测量的情境呈现："在进行测量和计算时，往往不能正好得到整数的结果，这时也常用小数来表示。"[①] 通过展示"测量时对于不到1米的量用米怎样表示"这个情境，引出表示零点几米时需要小数。

苏教版教材"小数的意义和性质"安排在五年级上册，教材例1的呈现方式是："1分米等于几分之几米？写成小数是多少米？3分米呢？"[②] 它也是说小数和测量有关系，把一个比较小的数量用一个大的单位来表示，就是小数。那么为什么要把一个小的数量用一个大的单位来表示呢？教材使用的情境不同，但都反映了这一内容的学科本质。教学中如何选择和使用情境，教师需要根据实际情况确定。

进行学情分析是要了解学生学习相关内容的基础和准备，以及可能出现的困惑和问题。"小数的意义"内容的学情分析，一是要分析学生对于小数的理解与认识上的特征，了解学生学习小数时最重要的问题是什么，然后引导学生在这里下功夫去深入探究，这样其他的问题

---

① 卢江，杨刚. 义务教育教科书　数学：四年级下册［M］.北京：人民教育出版社，2013：32.

② 孙丽谷，王林. 义务教育教科书　数学：五年级上册［M］.南京：江苏教育出版社，2013：30.

就可以迎刃而解了。二是要关注不同学生学习小数的意义时可能会出现的情况，在哪些地方学生可能产生困惑，如学生对十分位、百分位上数的数值的理解等，重要的是还要知道不同的学生可能会有哪些不同的理解。三是要找出学习这个内容的"前概念"。学习小数的意义时学生的前概念是什么，教师在设计教学的时候要特别关注，如学生对整数的数位及其值的理解，学生认为小数就是元角分或小数是很小的数等。了解了学生的前概念，才能由此引发学生的认知冲突，才能设计出有针对性的情境和问题。四是要注意学情分析发生在课前，也发生在课中。课前的学情分析是重要的，但课前的教学设计不能使教师了解学生的不同表现。好的教师可能对学生的了解会多一点，但也不可能了解学生的所有表现。课堂教学中要给学生一些表现的空间，寻找那些值得讨论、值得思考的重要信息，这样才能使课堂教学有深度，有思考。

在上述分析的基础上，可以明确"小数的意义"的目标重点在于，基于原有的小数初步认识的基础，利用小数与整数在计数制上的共同之处，着重使学生理解小数部分的单位的建立与位值，把小数的认识与整数的认识建立起联系，由对小数的初步的直观认识（在三年级主要是以元角分为依托的对小数的认识），扩展到对小数的意义的理解（在抽象的水平上从数位与数位上的值的意义来理解小数），并将小数的意义用于具体的数量的解释。具体来说，这些目标包括知识、能力、情感与核心素养。

三、以问题情境为突破口设计教学活动

小学数学深度学习教学活动的设计与组织是开展深度学习的关键。即要在整体分析学习主题和确定目标的基础上，将单元学习内容进行分解或重组，对于重点体现单元目标的内容进行深度学习设计。着重

围绕核心内容的探究主题，聚焦核心素养的培养，设计引发学生参与和思考的教学活动。教学设计的突破口在于针对学习主题和学生学习特征创设问题情境，依托该问题情境，提出引发学生深度思考的关键问题，进而组织学生围绕关键问题进行深度探究。

案 例 链 接

在"小数的意义"教学设计中，可以运用下面这样的问题情境。

当学生运用原有知识说出右图较深的灰色阴影部分是0.6之后，老师在图形中涂上了一小块红色（见右图中最深的灰色阴影部分）。学生们认真地看着这个图形中涂色部分的变化，对这个情境产生无限思考。而这个情境，恰恰与学生理解小数、理解小数的数位与数位上的值等关键问题有密切关系。

接下来围绕这一部分用小数怎样表述进行深度探究。探究活动是层层深入的，探究过程中也会提出更深层的问题，最终达到让学生理解、掌握相关的知识技能，学会思考问题的方法，提高核心素养等目标。（对此教学设计详见本书第四章的案例一。）

四、以持续性为特征设计学习评价

小学数学深度学习的目标具有层次性，包括单元整体目标和具体课时目标，并以核心素养的培养为重点。单元整体目标通过阶段性的课时逐步实现，因此需要持续性的学习评价的设计与实施。要采用持续性评价对深度学习的目标进行及时的、连续的监控，以此反馈学习的效果，调整学习的进程。持续性评价是以单元整体目标为依据，以具有序列性的具体课时目标为着眼点而设计的不同层次和水平的评价。

持续性评价的设计要区分不同的认知层次和学习水平。

第二节　为什么要开展小学数学深度学习

　　深度学习的过程是师生共同成长的过程。开展小学数学学科的深度学习的意义在于：通过学习方式的改变，以学生核心素养为重点，促进学生的整体发展；围绕具有挑战性的主题设计与实施有意义的学习活动，促进教师的专业成长。

一、聚焦数学核心内容，实现少量主题的深度覆盖

　　小学数学深度学习以数学学科的核心内容为线索，从核心内容出发，提炼出具有挑战性的学习主题。这样做的目的在于把教学的重点放在该主题所反映的核心知识和思维方法上，在促进学生理解与掌握知识的过程中，培养学生的思维能力和解决问题的能力。聚焦数学核心内容的教学设计，可以实现"用少量主题的深度覆盖去替换学科领域中对所有主题的表面覆盖"①，达到举一反三、事半功倍的作用。

　　少量主题的"深度覆盖"是指对一个主题学习（包含深度探究）的过程。所有主题的"简单覆盖"是指对所有学习的内容都是一般性的浅层次的记忆性学习。数学的核心内容往往是一组内容，是一个内容群。着眼于核心内容的教学设计是解决一类问题，而不是一个问题。小学数学深度学习将重点放在数学学科核心内容上，目的就在于通过对核心内容学习主题的整体分析与深度探究，解决小学阶段与之相关的具有代表性的一类问题，这一问题的理解与把握，特别是这类问题

---

　　① 布兰思福特，等．人是如何学习的：大脑、心理、经验及学校　扩展版［M］．程可拉，孙亚玲，王旭卿，译．上海：华东师范大学出版社，2013：18.

所反映的思维与能力的形成，对于学生整体理解和把握学科知识、提升学科核心素养有重要意义。

如"小数的意义"的教学是小学阶段"数的认识"这类核心内容中的重要主题。按深度学习的思路进行"小数的意义"教学设计时，就要抓住"数的认识"这类内容教学的核心要素，作为课堂教学的突破口。在具体的情境中使学生经历由数量到数的过程，为学生设计探究数的抽象意义的情境等。通过有意义的问题情境的深度探究，使学生理解小数的本质，经历从具体到抽象的过程，培养学生的数学抽象能力，帮助学生建立数感。类似的，对于"20 以内数的认识""万以内数的认识""分数的意义"等重要主题的深度探究，可以解决小学数学"数的认识"这类核心内容的重要问题，对于小学阶段"数的认识"这类内容的学习具有示范价值，进而可以覆盖更多的这类内容的学习。

二、实施课堂变革，促进学生整体素质提升

小学数学深度学习立足于促进学生整体素质提升，特别是学生核心素养提升的课堂变革理念。它追求的课堂变革是以学习的内容为线索，针对学生学习的需求和数学学科内容的本质特征，提炼具有挑战性的学习主题，在整体分析学习内容和学情的基础上，设计有针对性的具体问题和教学策略，引导学生深度探究，理解核心内容，提升核心素养。小学数学深度学习体现的课堂变革的基础在于，教师对数学学科本质的理解、对儿童学习的理解，以及对一般的教育学心理学知识的运用。对数学学科本质的理解包括对数学知识的掌握、数学价值的认知、具体内容来龙去脉的了解等。对儿童学习的理解包括对小学阶段儿童发展与学习的一般特征，以及儿童学习相关主题的特征、困惑和前概念等的理解。在此基础上，设计有效的教学活动，引发学生的积极参与和深度思考。

小学数学深度学习的目标在于学生整体素质的提高，特别是学生

核心素养的培养。学生的核心素养包括学生发展的共同素养和数学学科素养。学生在深度学习过程中，面对具有挑战性的学习主题，在特定的问题情境中，独立思考、互动交流、深入探究，深刻理解所学内容的本质，体验学习内容中的思维方法，发展核心素养。对于学生而言，深度学习的价值追求体现在，深度理解与整体把握学习内容和探究主题，掌握所学内容的本质与方法；体验学习相关内容过程中运用的学习方法与策略；形成与所学内容相关的数学核心素养和一般发展核心素养；形成相关内容反映的学科价值观。

三、创新教研活动，促进教师专业发展

小学数学深度学习的设计与实施为教师提供了课堂变革的基本思路和原则，有助于提高教师的专业素养，使教师能够独立地、创造性地设计和实施每一次课堂教学，使课堂教学变革成为具有活力的源头活水。教师在设计与实施深度学习过程中，依据数学学科的特征，通过对具体内容的理解和学生学习状况的把握，创造性地设计个性化的课堂教学方案。深度学习的教学设计围绕特定的学习主题，从学科内容理解、学生理解和具体教学设计三个方面展开。教学活动的设计与组织以数学学科的特定内容和学生对该内容的学习状况的分析及理解为基础，形成连接特定学习内容与学生理解的桥梁和纽带。三个方面中的每一个都包含了若干基本特征，形成三者之间复杂的动态关系。（见下页图）希望通过深度学习的设计与实施，促进小学数学课堂教学的变革和教师的专业发展。

通过小学数学深度学习的实践，教师丰富了关于学生和课程的深层理解，加深了对数学学科本质的认识，提高了教学设计和实施的能力，增强了合作意识和合作能力，促进了教学方式发生转变。小学数学深度学习不是针对一节课的教学设计，而是针对一个学习主题的单元整体设计。这就需要教师从整体上把握学习主题，全面了解学生的

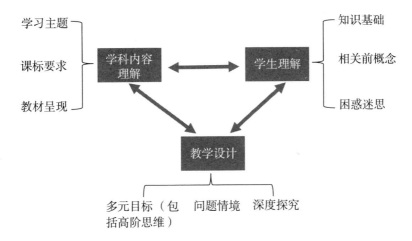

学习基础和学习迷思，系统规划学习进程，设计持续性的教学活动。这个过程往往需要发挥教师团队的作用，通过教师之间的合作交流、实践探究的过程，实现有效的深度学习教学设计。

研究实践表明，教研部门的设计、组织和指导，对于提高小学数学深度学习研究的质量，帮助教师把握深度学习的重点，提升和拓展深度学习教学设计与实施的效果，有重要的作用。

第二章

小学数学深度学习的教学设计

第一节　什么是小学数学深度学习的教学设计

　　深度学习教学设计，是在确定单元主题内容的基础上，对单元进行整体的分析，确定单元的学习目标，形成单元的整体学习规划，有计划地设计深度学习教学活动，并针对活动的完成情况设计可持续的深度学习评价的完整的过程。小学数学深度学习教学设计是以数学核心内容为线索，选择具有挑战性的学习主题，在对学习内容进行整体分析的基础上，确定单元学习目标，进行单元教学设计。一般需要对学习内容的数学本质进行分析，对教材内容进行整体分析和适当重组。小学数学深度学习突出以数学核心内容为线索的学习主题的关键与重点，为学生提供多元的、综合的学习素材，并且帮助学生刻画出一个单元学习主题清晰的、连续的学习轨迹，打通知识到核心素养的通道。

一、以单元学习主题为统领进行设计

　　小学数学深度学习教学设计首先对学习主题进行深入分析，针对以学生核心素养为重点的学习目标，进行单元整体设计。具体设计时会考虑如下结构关系：

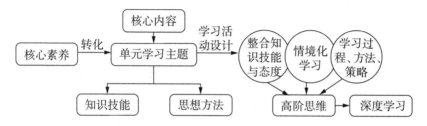

　　在教学设计过程中，基于对学习主题的理解，对教材内容进行整体分析和适当重组。一般教材的安排是将知识内容分割成小的知识点，以知识点为单位进行教学设计，这样不利于整体把握单元学习主题，

不能突出核心内容的整体目标和重点、难点，也难以实现对学生核心素养的培养。为了更好地促进学生对学习内容的整体把握，提高学生的核心素养，将知识的学习与学生能力的发展和素养的提升融为一体，教师必须整体分析单元内容主题，确定重点达成的目标，设计引导学生深度探究的教学活动，为学生提供相同的概念，在许多范例和事实性知识的坚实基础上，达到如前所述的"用少量主题的深度覆盖去替换学科领域中对所有主题的表面覆盖，这些少量主题使得学科中的关键概念得以理解"①。

　　围绕具有挑战性的主题开展的深度学习教学设计，需要教师以单元学习主题为线索对教学内容进行组织和调整，以统整的观点看待知识内容对学生的整体要求和影响。突出单元学习主题的关键与重点的问题，避免知识内容、学习方法的不必要的重复，为学生提供多元的、综合的学习素材，并且帮助学生刻画出一个单元学习主题内容清晰的、连续的学习轨迹，打通知识到核心素养的通道。（见下图）

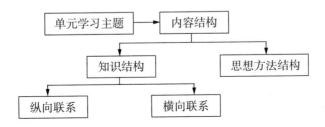

二、进行教学设计的四个基本要素

　　为了实现学生的深度学习，教师需要进行精心的设计，即要基于小学数学的核心内容，确定单元学习主题，依据该学习主题的知识技能与蕴含的思想方法进行教学设计。深度学习教学设计有四个基本要素，分别为单元学习主题的选择、单元学习目标的确定、单元学习活

---

　　① 布兰思福特，等. 人是如何学习的：大脑、心理、经验及学校　扩展版 ［M］. 程可拉，孙亚玲，王旭卿，译. 上海：华东师范大学出版社，2013：18.

动的设计和持续性评价的开展。（见下图）这四个要素不是各自独立的，而是会构成一个相互关联的整体。四个基本要素是小学数学深度学习的主要线索，存在着密切的关联性与一致性。教学设计一般以具有挑战性的学习主题为出发点，进行系统的整体教学活动设计。

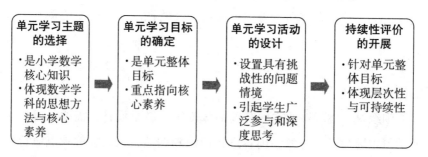

单元学习主题是以小学数学核心内容为基础，确定的具有挑战性的学习任务，即学生应该重点学习的核心内容。单元学习主题是小学数学核心内容中最有探究价值的核心内容，对学生的学习具有挑战性，对理解一类数学内容具有代表性，蕴含着重要的学科思想，有助于学生核心素养的形成。

单元学习目标是深度学习教学活动的预期结果，即学生通过单元学习主题的探究应达到的结果。小学数学深度学习的单元学习目标以学生的核心素养为重点，体现数学学科的高级思维，表达了单元学习主题完成之后学生获得的学习结果，反映了学科本质及思想方法，促进学生深度理解和灵活应用知识、技能、策略及形成情感态度价值观等。

单元学习活动的设计包括学生应该参与哪些学习活动和怎样参与。小学数学深度学习的单元学习活动的设计以适合单元学习主题的问题情境为基础，引导学生进行基于真实问题情境的探究活动，以达到在理解核心知识的过程中，发展学生的高阶思维、培养学生的核心素养的目标。

持续性评价是指对学习达成目标的反馈，即为学生的深度学习活动持续地提供反馈，帮助学生改进和发展。持续性评价针对是否达成了既定目标的问题，依据深度学习目标，建立标准，并为学生的深度学习活动持续地提供清晰反馈，帮助学生改进学习。

第二节　如何进行小学数学深度学习的教学设计

一、确定单元学习主题

（一）单元学习主题的特点与类型

在小学数学深度学习教学设计中，单元学习主题的确定着眼于数学核心内容，要充分体现学科属性的特点和学习者的特征。小学数学深度学习基于核心内容本质理解的学习主题进行设计，不是完全打破原有学科课程内容与教材的逻辑框架，也不刻意超越数学学科知识前后的认知顺序，而是基于对数学核心内容的整体分析，确定单元学习主题，并通过调整内容呈现的顺序、形式，拓展和补充学习资源等途径，将教材呈现的内容设计成满足学生深度学习的素材。

基于小学数学学科的特点，深度学习的单元学习主题可以分为两类：

第一类是以课程标准和教材确定的核心内容为线索的单元学习主题，如20以内数的认识、整数加减法、分数的认识、长方形与正方形的认识、面积与面积计算等内容；

第二类是对以现实问题为背景的跨学科领域的内容整合而生成的单元学习主题，如城市的交通问题、货币与我们等。

（二）单元学习主题的确定

单元学习主题的确定主要从数学核心内容的特征、课标和教材内容、学科基本思想与方法、学生认知水平及能力发展等方面进行思考。

第一，单元学习主题的确定要基于数学核心内容。在分析课标与教材的基础上，确定核心内容中的学习主题。核心内容一般具有两个方面的特征：一是小学数学的核心知识和核心技能是将来学生学习新的数学知识的基础，且能保持教学内容前后的连贯性和一致性；二是这些内容是发展学生的数学思维能力和问题解决能力等关键能力所不可缺少的。从数学知识的角度看，单元学习主题应是对进一步的数学学习和数学应用来说都重要的内容，是能将以前学过的数学知识和将要学习的数学知识有机地联系起来的内容。在实际操作中，单元学习主题的选择一般应依据课标对相关内容的要求，选择要求学生理解、掌握、应用或探索的内容。

选择核心内容的主题可以以数学教材中一个或几个单元为基础，也可以根据需要打破教材单元的限制。数学的思想方法和核心素养蕴含于单元整体之中，成为一条连接的暗线，成为联系各部分内容的纽带。核心内容一般不是单一的知识点，它往往是一组内容，也可以看作一个知识群。小学数学的核心内容反映了数学学科的基本问题，每一组核心内容都能整合或解释数学学科体系中很多相关的内容。如分数的认识，整数加法，小数除法，图形的认识，面积与面积单位，数据的收集、整理与表达等，都是数学的核心内容。这些核心内容体现的主要的数学思想或核心素养为确定单元学习主题的重要依据。

案 例 链 接

　　"小数除法"可以作为一组核心内容。小数除法是学生在学习了"整数除法"和"小数的基本认识"基础上的延伸，尽管外在形式上只是多了一个小数点，但对学生而言，对小数除法计算过程的理解有困难。小数除法又可以分为四种情况：小数除以整数、整数除以整数（不能整除）、整数除以小数、小数除以小数。小数除法的内容与原有知识的联系十分紧密，一般教材中小数除法的计算方法是以整数除法中被除数和除数同时乘相同的数（0除外）商不变，以及小数点位置移动规律等知识为基础来说明的。小数除法的试商方法、除的步骤和整数除法基本相同，不同的只是小数点的处理问题。小数除法作为一个单元学习的核心内容，将小数除法的运算方法的探究，以及在探究过程中反映的数学核心素养作为单元学习主题，重点培养学生的运算能力和推理能力。

第二，单元学习主题的确定要指向数学的思想方法与核心素养。核心内容都会有一个基本的、反映其学科本质的特征，而这些本质特征往往反映学科的基本思想和方法，是发展学生学科核心素养的关键。因此在整体分析和理解某个核心内容的本质和学生学习特征的基础上，单元学习主题要提炼出数学的思想方法与核心素养。提炼的重点是核心内容所反映的学科基本思想和学生发展的关键能力。在具体操作时可以依托一个或几个数学核心素养，融入深度探究的主题，如数感、运算能力、空间观念、推理能力、数据分析观念等。

案 例 链 接

"数的认识"内容体现的核心素养重点是"数感"。数感作为数学学科的核心素养之一，"主要是指关于数与数量、数量关系、运算结果估计等方面的感悟。建立数感有助于学生理解现实生活中数的意义，理解或表述具体情境中的数量关系"[1]。数的认识教学，从整数到小数、分数、负数等，重点都是使学生理解数与数量，在不同数的认识过程

---

[1]　中华人民共和国教育部．义务教育数学课程标准：2011年版［M］．北京：北京师范大学出版社，2012：5.

中，感悟从数量到数的过程，认识数的意义和数的表示，对于学生理解数、理解数量关系非常重要。在"数的认识"教学中，将学生数感的形成作为重要主题予以体现，是深度学习应当特别关注的因素。

第三，单元学习主题应具有持续探究的特点。富有挑战性的、能吸引学生学习兴趣、从多样化的角度切入的学习问题或任务，会吸引学生全面、深度参与学习活动，帮助学生建立经验与知识之间的联系，激发学生的学习潜能，促进探究的持续与深入。因此，需要对学习主题内容进行单元整体分析。单元内容的整体分析包括对数学学科内容本质的分析，以及学生学习该内容的特征、困惑与典型问题分析，然后确定具有挑战性但经过适当努力就能完成的任务。任务的挑战性包括内容的难度、完成任务需要的方法和步骤，以及教学活动的组织形式。

案 例 链 接

把"面积"作为一个完整的单元来分析，即包括面积的认识、面积单位、长方形的面积，以及面积单位换算。核心素养可以聚焦到空间观念和数感。图形的度量就是单位个数的累加，这时的单位指向学生空间观念的培养。因此，以"单位"为主线进行几何量的学习，能帮助学生更好地理解图形测量的本质是给每一个测量对象以合适的数。这包括：①认识测量对象，建立概念；②认识度量单位；③用单位直接度量；④用公式间接度量；⑤实际应用。

可以基于上述分析确定学习问题和任务：一是厘清相关"概念"——对测量对象概念的理解应在活动中体验，在对比中明晰。二是设计针对性"活动"：比大小的测量活动是学生认识测量对象、学会度量的必要活动。三是重视"单位"的学习——方格纸的广泛使用、非标准单位到标准单位的过渡，无处不凸显单位在度量中的核心位置，从而发展学生的度量意识及量化思想。四是关注有关"误区"——在认识新的测量对象、研究角度改变、发现图形具备相似特性等活动中，学生存在着诸多误区，如何帮学生辨析？暴露学生认知误区，比较中方能认识本质。

这些问题又都是以"单位"为核心的，有了单位就有了度量的标准，就能帮助学生辨析困惑，从而正确理解度量单位，最终完成对图形的定量刻画。由此确定教学操作的步骤，学生要感受图形度量的本质，体会由非标准单位到标准单位的度量；并会用单位进行度量，解决问题。图形度量部分将借助单位，从度量的角度帮助学生学习几何知识，发展空间观念。

二、确定单元学习目标

单元学习目标的确定是深度学习教学设计的重要组成部分。单元学习目标是基于单元内容整体分析确定的。单元学习主题的整体分析包括单元内容分析和学情分析。

（一）单元内容整体分析

深度学习的内容是单元学习主题的线索，体现特定核心内容的本质特征。在进行教学内容分析和设计时，需要全面分析学习内容，深入挖掘教材，灵活地整合教材，使内容具有"弹性化"和"框架式"特征，将孤立的知识要素连接起来，引导学生将知识以整合的、情境化的方式存储于记忆中，深入思考学习内容中所蕴含的数学思想，提升学习数学的关键能力。

1. 单元内容本质分析

深度学习重在对少量主题的深度探究，对单元内容本质特征的分析是确定单元学习主题的基础。在此基础上，根据深度学习教学设计的需要进行教学内容的重组，要考虑为学生提供不同难易程度的学习资源和素材——既包括提供同质化、标准化的基础性内容，又包括提供具有发展性、挑战性的学习内容，以满足学生发展的需要。要重视学科教学中核心的、基础性的知识和技能的教学，强调同类知识之间迁移性的学习和自主学习，处理好学科知识前后顺序的关系。

案 例 链 接

"面积"单元中，面积是对二维空间的度量，之前有一维空间长度度量的基础，后续还将继续学习三维空间体积的度量。其实无论是一维、二维还是三维空间的度量，每一个度量对象的学习和研究又都经历了一个同样的过程：

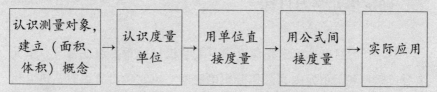

单位的理解与运用是"面积"这一主题内容的核心，可以将面积的学习聚焦在"单位"主线上，这样面积的本质是一个数量，是某一种单位的个数。对面积的意义的理解一方面取决于学生对面积概念的理解，另一方面取决于学生对单位1平方厘米、1平方分米、1平方米的理解，从而理解面积度量是几个面积单位拼接的结果。学习过程要让学生经历"关于'量'的丰富的直观—测量方法的多样性—标准量产生的必要性—用标准量去测的过程—测量结果的优化"的学习过程。

　　在整体分析教材的基础上，重构以"单位"为主线的本单元内容结构。（见下表）

单元内容重构前后对照情况

常规教材中的内容安排（9课时）	调整后以"单位"为主线的单元内容结构安排（8课时）
认识面积	面积的认识及比较
面积单位的认识	认识面积单位——平方厘米
练习一	1平方厘米的应用练习课
长方形、正方形面积计算	长方形面积计算
面积计算练习课	正方形面积计算
面积单位换算及认识公顷和平方千米	认识面积单位平方分米、平方米
面积单位换算练习课	练习课
练习二	面积单位换算
实践活动	/

2. 单元内容教材分析

　　这里的"教材分析"不是对文本内容的说明和介绍，而是对学习内容的本质理解。对内容的本质理解其实就是"知其然，也知其所以然"，比如分数除法，不只是知道计算时要颠倒相乘，还要了解为什么要颠倒相乘。所以对分数除法的本质理解就是，既知道法则是乘除数的倒数，又知道为什么要乘它的倒数。这种理解对于教学是非常重要的。它可以避免单纯地让学生记忆程序，而转为进行数学推理，避免以找到答案为教学目标的做法。它强调学生猜想、验证和解决问题，还能避免将数学视为孤立的概念和纯粹的计算，而且会将数学概念和应用连接起来。就整体化有序设计单元教学而言，还需要阅读多个不同版本的教材，进行横向和纵向梳理，把握来龙去脉。

案 例 链 接

　　"面积与面积单位"单元内容教材分析如下。

　　"面积"和"体积"在教材中一般都有明确定义（物体表面或封闭图形的大小叫作物体的面积，物体所占空间的大小叫作物体的体积）。可是，在教学中，我们发现学生能够很流利地背出概念，却时常在解决问题时将它们混淆。这使我们不禁在想：熟记这句话，就理解什么是面积、什么是体积了吗？答案应该是否定的。

　　什么是测量？测量的本质是什么？又该如何定义长度、面积、体积呢？张奠宙先生给测量下的定义是："测量，不仅仅是拿刻度尺去量测一条线段的长短（那属于物理学范围），数学测量的本质是给每一条线段以合适的数。在这样的视角下，可以说，长度、面积、体积测量的数学意义很遗憾地在中小学教科书里被淹没了。"①

　　如长度，其核心在于如何给每一条线段"指定"一个适当的数，并使之具有长度的三条性质（长度的有限可加性、运动不变性、正则性）。如面积可定义为：数 m 是一个平面图形 A 的面积，就是指能用 m 个单位正方形不重叠地恰好填满 A。由此想：所谓度量，就是计算所要度量的图形包含多少个度量单位，其核心要素是单位及单位个数。是否有一个定义给学生并不重要，重要的是让学生体会到长度是几个长度单位累加的结果，面积是几个面积单位拼接的结果，体积是几个体积单位堆积的结果。度量本质才是学生理解概念的核心。从学生的成长经验来看，"长短""大小"等概念的形成是基于比较的认识方式。学生对长短比较的描述是从"一点""一些"到"半个头""两个

---

　　① 张奠宙．深入浅出，平易近人：怎样测量长度、面积和体积［J］．小学教学（数学版），2014（9）：4-6.

手掌长"。"头""手掌"这些生活中可见、熟悉的事物其实就是学生找的一个"比较物",也可以称作一个"非标准单位"。教学中是否可以从"比较"入手,让学生在比较中由"非标准"过渡到"标准",由单位的特性理解概念呢?

教材中在呈现概念后都要来认识度量单位。度量单位的学习需要经历以下步骤:①体会统一度量单位的必要性;②认识度量单位;③建立表象;④判断单位是否适宜;⑤用单位度量;⑥进行单位换算。

在对度量单位的学习和认识过程中,学生必将经历从非标准单位到标准单位的过渡,认识度量的单位,体会单位的重要作用,并在各项活动中初步感受度量单位的特性。

整体来回顾刚才的几个步骤,学生要感受图形度量的本质,体会由非标准单位到标准单位的度量;并会用单位进行度量,解决问题。由此可见图形度量部分将借助单位,从度量的角度帮助学生学习几何概念,感受空间,发展空间观念。

在对北师大版、人教版和苏教版教材进行横向对比时,也会发现很多相似之处,它们都为实际教学提供了很好的抓手。(以下每行三幅图分别来自北师大版、人教版和苏教版教材。)

①直观感觉物体的表面有大有小,揭示面积概念。

②"比大小"活动,凸显用单位比较面积大小的方法,以及从度量的角度认识面积。

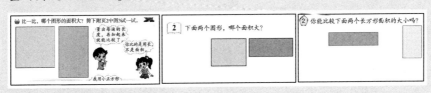

③"画一画"活动凸显方格（即单位）在理解面积概念中的作用，帮助体会面积是一个数量概念，单位是度量面积的主要工具。

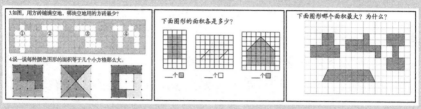

④突出"量"这个活动，注重学生的发展，在度量中再次认识面积、探索面积。

⑤转化的同时，依然注重单位。

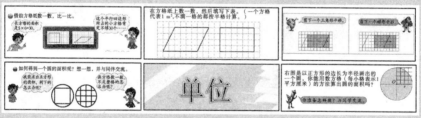

⑥暴露学生的困惑，辨析中理解。

　　在教材分析的基础上，我们的思考是：教学设计时以"单位"为核心，将单位作为度量的标准，帮助学生辨析困惑，正确理解度量单位，最终完成对图形面积的定量刻画。

（二）单元内容学情分析

为了帮助学生达到学习的深层水平，对学生进行预评估是非常重要的。进行单元整体学情分析能更好地了解学生背景知识，可以采用多种方式收集有关学生学习这个单元内容的重要信息，再基于这些信息决定从哪里开始用什么样的策略帮助学生进行深度学习。一般来说，我们可以采用课前访谈、问卷调查、课堂观察以及课前测验等方式对学生的学习情况进行分析。

案 例 链 接

以"小数除法"单元学习为例，为了深入了解学生的思维起点和困难节点，进行了如下学情分析。（更多内容详见本书第四章案例二。）

为了更好地发现学生的思维"节点"，对比直观模型的价值和有效性，设计了两道题目对两个平行班分别进行前测调研。（见下表）

前测调研题目及意图

	调研题目	调研意图
无现实背景 无直观模型	A班：11.5 除以 5 等于多少？请想办法解决，尽可能详细地记录下你的思考过程。（不提供模型学具）	①学生的思维会在哪里搁浅？②学生是否有主动寻求模型帮助的意识？他们会想到哪些模型？
有现实背景 有直观模型	B班：买 5 袋奶一共花了 11.5 元，每袋奶多少元？请利用学具研究，并尽可能详细地记录下你的思考过程。（提供模型学具）	①学生思维又会在哪里搁浅？②直观模型的价值和有效性是什么？

对结果进行分析便会发现：

（1）学生的思维难点在哪里？

从"不知道"到"我会做"，学生在从整数除法向小数除法迈进的过程中，思维往往会在"可否继续分"和"小数点怎么办"这两个问题上搁浅。"可否继续分"其实就是数系扩充引发的关于"余数"的重新讨论，"小数点怎么办"其实就是小数的计数单位如何转换的问题。此二者比较，前者是基础，只有学生认可了"分"，才能进一步讨论怎么"点"。因此，学生的思维还是在对除法意义的再认识和对小数位值的再理解上搁浅了。本节课的重难点也由此确定。

（2）"我会做"就一定"懂"吗？

A班"我会做"的学生比例大幅下降，说明"会做"不代表"能懂"，学生的"会做"，尤其是竖式写法往往是出于对整数除法的迁移模仿。这一点在后续访谈中也得到了印证。

B班"我会做"的学生比例也有所下降，但没有A班那么大的落差，说明学具的提供对于学生理解和解释算理是很有帮助的，但这不代表所有学生都能够利用学具独立探索出小数除法算理与算法的全部内涵，相当一部分的学生还是需要教师点拨和同伴启发的。

所以，此岸与彼岸之间，绝大多数学生既没有乖乖地等在此岸，也没有安全地着陆彼岸，他们中的大多数都滞留在"除法意义扩充"和"小数位值转换"这两座孤岛上。因此，实现学生的"会做"到"能懂"，少不了直观模型的支撑，少不了与教师和同伴深度的碰撞与交流。

（3）学生真的思考过"还能分吗"？

基于此，我们继续深挖"还能分吗"这个问题。同样是平均分成5份，将被除数11.5换作12之后，我们得到了指向性不同的答案，对于11.5除以5，把10平均分成5份之后，学生思考的是怎么把剩下的

1.5 平均分。本身作为小数的 1.5 并没有让学生大范围地产生能不能分下去的疑问，更多的学生认同能够继续分下去，计算失败的原因是因为没有找到正确的数学表达。而 12 除以 5 带给学生思维上的挑战远远大于之前的，认为剩下的整数 2 不能再分的学生百分比达到 32.5%，几乎是之前的 3 倍。在问卷中，学生的表达反映了其思维上的停滞。看来脱离了 11.5 的顺势思维，对两个整数相除学生并没有继续分的需求，那是不是说 11.5 的 ".5" 掩盖了学生细分单位的过程呢？这也是这节课为什么设计了 12 除以 5 的原因之一。（见下表）

关于问卷中"还能分吗"的数据分析

这个算式还能往下继续除吗？如果不能，请说明为什么；如果能，请说出你的想法，并把算式继续写完	$\begin{array}{r} 2 \\ 5{\overline{\smash{)}11.5}} \\ \underline{10} \\ 1.5 \end{array}$		$\begin{array}{r} 2 \\ 5{\overline{\smash{)}12}} \\ \underline{10} \\ 2 \end{array}$		
能	正确	错误	元角分模型	面积模型	竖式
	57.5%	30.0%	7.5%	32.5%	27.5%
不能	12.5%		32.5%		

（三）单元学习目标的确定

在单元内容分析和学情分析基础上，确定单元学习的整体目标和具体课时目标。单元整体目标是针对所选定的学习单元从整体上确定学生发展的目标，要指向学生的发展，指向数学学科的思想方法，指向学生高阶思维。具体课时目标是单元整体目标的分解和分层，知识要体现数学课程标准和教材的基本要求，指向学生对具体内容学科思想方法的理解，指向应用所学知识和方法解决问题能力的发展。单元整体目标与具体课时目标的区别在于，单元整体目标具有整体性与发展性，是一个单元完成时学生所应达到的目标。单元整体目标还具有统整性和指导性，深度学习的教学设计应紧密围绕单元学习目标展开，在学习单元内容的过程中引导学生深入思考，深刻理解单元内容的学科本质，逐步形成相关的核心素养。

1. 小学数学深度学习目标的特征

小学数学深度学习目标指向学生，关注学生心理状态、前提知识、思维水平、情感态度等，从学生的基础、兴趣、需求和问题出发，提出和阐释学习目标，并以"学生将会理解……"的陈述形式或学生感兴趣的开放性问题的形式加以表达。

小学数学深度学习目标指向学科本质，期望学生掌握反映学科本质的、最有价值的理论、思想、概念、技能、策略、方法和情感态度价值观等。关注单元学习主题的内容是什么（知识）、如何做（方法）、为什么做（目的）、如何交流（形式），从而初步了解学科专家是怎样思考的。

小学数学深度学习目标指向高阶思维，关注学生的核心素养。

具体来说，小学数学深度学习目标与常规学习目标的不同点和相同点见下表。

深度学习与常规学习目标的比较

	深度学习目标	常规学习目标
不同点	围绕学习主题的核心知识，指向学生对内容本质、学科思想与方法的理解，指向应用所学知识和方法解决新问题的能力；突出学科本质和核心素养方面的目标实现	往往以知识与技能目标为主，过程与方法、情感态度价值观目标比较泛化，每个教学案例都是类似的内容，缺少针对性，没有具体化，很难进行测查和评价
相同点	知识目标符合课程标准和教材的基本要求，水平符合学生的已有基础	

2. 单元学习目标的结构与层次

单元学习目标由单元学习主题的特征与学生发展需求所决定，一般包括核心的知识技能、关键的能力与方法，以及情感态度价值观等方面，重点指向学生的核心素养。

单元学习目标可分为整体目标和具体课时目标两个不同层次。单元整体目标是指本单元在学科内容领域上所要达成的整体的终极目标，各课时的教学目标是对单元整体目标纵向上的系列化、序列化分解。在设计每节课的教学目标时，教师要了解哪些目标是基础性目标，是全体学生必须达成的；哪些目标是发展性目标，是供学有余力的学生去尝试达成的。

单元整体目标是单元完成时学生所应达到的目标。确定单元整体目标以单元内容分析和学情分析为依据，单元学习目标要在单元计划中具体分解成每一课或每一个学习活动的学习目标。虽然此阶段的目标还没有具体到上课的每一个环节和每一个学生，但也要在保证课程标准目标要求基础上，考虑教学目标的达成区间，为后面依据学生差异制定具体学习任务目标做准备。

（案）（例）（链）（接）

"面积"单元学习主题的单元整体目标如下：

①通过直观比较面积大小，理解面积单位的意义；通过真实任务情境问题的解决，掌握面积计算方法，丰富对面积意义的认识。

②通过对一些图形大小的描述理解单位和测量的意义，体会并认识面积单位（平方厘米、平方分米、平方米、平方千米和公顷），会根据解决问题的需要进行简单的面积单位换算，探索发现并能用公式计算长方形和正方形的面积。能够用几倍的单位量进行面积的表示，理解用边长求解面积的意义。

③通过解决实际问题，感受将面积进行数量化表示的优点和通过计算求出面积的便利性，并尝试灵活运用在生活中。

④在比较面积大小、推导面积计算公式等过程中，提升发现问题和解决问题的能力，养成独立思考、勇于探索的习惯。

具体课时目标的确定。在单元学习主题的统整下，再进一步将单元整体目标分解成每个课时的学习目标。课时目标应与教学活动相匹配，定位准确、集中，要考虑达成课时目标的序列性和过程性，并应方便在具体教学实践中理解和把握。具体课时目标的表述应更为微观、具体且具有针对性，与具体的学习活动或内容紧密对应。

案 例 链 接

"面积"单元第一课时"面积与面积单位"的具体目标为：

①通过直观比较两个图形的大小，初步感受面积的概念。在尝试描述图形大小的过程中，发现、使用、体会面积单位的价值，在辨析周长与面积的过程中进一步理解面积。

②在寻找度量面积的标准中，能从定性比较大小到定量刻画，使创新意识和创新能力获得发展。

③通过具体问题情境探索寻找新的"单位"，思维能实现从一维到二维的跨越，空间观念有进一步的发展。

（四）形成单元学习规划

在确定单元整体目标的基础上，对单元学习整体活动进行更为详细的规划和布局，主要涉及学习目标、学习进度、学习资源和持续性评价这几个方面。具体见下页表。

单元学习规划的主要内容

要目	内容要点
学习目标	具体分解单元学习主题内容每一课时或每一个学习活动的学习目标。教师要了解哪些目标是基础性目标，是全体学生必须达成的；哪些目标是发展性目标，供学有余力的学生去尝试达成的。同时，对于不同认知特点的学生，在设计教学目标时也要关注不同水平的目标
学习进度	学习时间体现出弹性；单元学习计划的课时分配在兼顾学生学习不同速度差异的同时，还要根据数学学科性质和特点弹性地分配每节课的课时。每一课时的时间可以不受 40 分钟的限制。可以实行长短课时的结合，如设计 60 分钟或 30 分钟的课时，为学生的探究、体验、合作等学习提供灵活、弹性的时间
学习资源	突出学习资源的引导、组织、辅助、维持学生开展学习活动的作用。除了准备相应的教具和学具，还要为学生深度学习提供丰富的、多样性的教学资源
学习方式	在进行单元设计时，可以因不同学习领域、不同学习内容、学生实际情况灵活选择和使用学习方式，如集体指导、小组学习、同伴互助、任务驱动、分层学习、自主学习等
持续性评价	进行持续性评价，要以"改进与发展"为评价导向，关注多元的、多样的、发展的过程性评价。主要对学生表现出的水平、状态、结果、态度等进行综合评价，评价可以是即时的，也可以是累积后延时的；可以是诊断性的，也可以是描述性的；可以是定性的，也可以是定量的；指导、学习、评价是一体的

三、设计深度学习教学活动

　　小学数学深度学习教学活动的设计，以核心内容的整体分析和学生学习特征的分析为基础，以单元整体目标为指向，着力体现深度学习的理念，引发学生的有效参与，促进学生的深度思考，实现具体课时目标和单元整体目标。在具体的操作中，着重围绕核心内容及其探究主题，以学习任务或问题情境为线索承载学习内容，设计具有挑战性的学习任务，创设学生有效参与的问题情境，提出引发学生深度思考的关键问题。

（一）设计引发学生深度学习的问题情境

深度学习不仅要求学习者懂得概念、原理、技能等结构化的浅层知识，还要求学习者理解掌握复杂概念、情境问题等非结构化知识，最终形成结构化与非结构化的认知结构体系，并灵活地运用到各种具体情境中来解决实际问题。这就要求教师一定要根据学习内容的特点、教学目标的要求、学生思维的发展状况，适时创设能够促进深度学习的问题情境，并引导学生积极体验，最终达到将所学知识与情境建立联系并实现迁移的目的。

1. 情境的设计要反映数学学科本质，引起学生的深度探究

小学数学深度学习情境的创设要体现数学学科的本质，与学生的经验和前概念有冲突，使学生在解决冲突的过程中，通过探究，理解数学本质，达到培养核心素养的目的；并要能引起学生的探究欲望，让学生产生持续探究的需要。学生的深度学习来源于教师对深度学习情境的设计，尤其是在课堂上，学生对数学中核心概念的理解不能仅仅只是通过讲授，还要在情境中有问题可以思考、有活动可以探究，这样概念的建立在他们的脑海里才是鲜活的，思维才是有生长的。

案　例　链　接

　　对"面积"一课，教师紧紧围绕"面积"这个数学概念的产生和理解设计了本课的核心活动，活动内容是：比较两个不同图形（一个长方形和一个正方形）的面积的大小。在这个核心活动中，具有驱动

性的"大问题"① 是指"两个图形的面积哪个更大"。为了解决这个问题，学生首先要明确"面积"指的是什么。这就需要学生思考"面积"的数学本质是"面的大小"，这有别于"周长的大小"——在学生的反馈中，确实出现了用"周长的大小"来比较两个图形的面积的情况。这个问题不仅抓住了"面积"概念的核心本质，同时也凸显了学生对"面积"概念与"周长"概念容易产生混淆这个认知冲突。随着学生对"面积"概念认识的逐渐深入，教师又提出了"用什么工具来测量面积进而进行比较"这个"大问题"。教师没有直接给出测量的方法和工具，而是让学生自主思考和挑选工具，学生既可以从教师准备的物品中挑选，也可以利用手边的物品。学生经过思考选择了用不同的工具（曲别针、橡皮等）来测量两个面面积的大小，同时也说明了自己选择这个工具的原因，以及阐述了为什么不同时用两种不同的物品测量的原因。这样的活动给了学生探究的"大空间"，每个学生的选择有所不同，但对面积本质的理解都是形象而深刻的。

2. 情境的设计要能保证学生的有效参与

"学生有效参与的问题情境"是与学习的核心内容密切相关，与学生现有知识有一定联系，并与学生的相关前概念产生冲突的情境。在这样的情境中，每一位学生都可以参与学习，不同的学生可能有不同水平的理解，进而引起交流、讨论甚至争论。通过这样的过程，学生逐步理解新的内容。

如在学习"小数除法"时，有这样一道题："12 元买 4 袋牛奶，每袋牛奶几元？如果买 4 赠 1，每袋几元？"看似简单的问题并不简单，解决第二问时，就会引起学生的认知冲突。这种认知冲突体现了学生从整数除法（学习小数除法的前概念）理解小数除法的重点。

———————————

① 关于"大问题"，详见本书附录三中的解释。

又如在学习"面积"时，设计如下情境：

墙面刷油漆，哪面墙用得油漆多？为什么？

请你比较一下这三个墙面的大小。

就这样，在比较油漆用量多少的过程中，让学生感受面的存在，知道面是有大有小的，并通过直观比较判断出面的大小。

3. 情境中要蕴含引发学生深度思考的关键问题

深度学习的核心在于引发学生围绕核心内容和探究主题产生深度思考。在具体的问题情境中，提出需要学生深度探索与思考的问题，通过问题的探究与思考深刻理解核心内容的本质，提高学生的核心素养。

如在前面提到的"小数除法"的情境中，遇到 $12 \div 5 = 2 \cdots\cdots 2$ 时，提出"个位上余下的 2 怎么办？你是怎么想的？"。对于这个问题的深入探究和思考，必然引发学生对小数除法算理的理解。

又如在学习"面积"时，"创造"单位刻画面的大小，感知面积就是单位个数的累加，并提出如下系列问题。

问题1：想办法描述这面墙的面到底有多大。以往描述桌子长度的经验能不能给你一些启发？

问题2：上一次用橡皮测量长度和这一次用橡皮测量面，都用到了橡皮，两次用橡皮哪里不一样？

问题3：都是在测量同一个图形面的大小，为什么测量结果并不相同？

这些问题的设计在于帮助学生在描述面大小的过程中，感知面积的意义，体会到图形面的大小也就是"单位"个数的累加。这是从定量的角度刻画面的大小。

4. 情境的设计要与学生的生活世界相联系

与真实世界和学生有关联的知识有助于学生进行体验性、探究性学习。然而，课堂所学内容多为符号性知识，与真实的世界及学生的生活经验、原有基础和兴趣点少有联系，因此，既难以被纳入学生的认识和经验结构，让学生理解其意义；又无法让学生认识到这是真正有用的知识、从而激发产生强烈的学习动机。只有与真实世界和学生产生联系的学习内容，才能引发学生通过体验、探究性的学习活动，生成理解，灵活应用。因此，情境的设计要与学生的生活世界相联系。

（二）组织能引发学生深度探究的活动

小学数学深度学习的一个重要环节是组织学生的深度探究活动。在组织探究活动中，教师要重视"探究"二字，重视学生的主动性，给学生足够的时间和空间去自主探索和操作。

1. 学习任务的设计是组织深度探究活动的核心

学习任务是深度探究活动的核心要素，学习任务的设计要具有挑战性和趣味性，并且能将课堂学习任务与现实生活的情境联系起来，来激发学生持续探究的兴趣，让学生沉浸其中并获得成功体验。因此，组织高阶思维的探究活动要从学习任务出发，找出探究活动中的关键问题，围绕学习任务和关键问题组织学生开展深度探究活动。深度探究的学习任务设计要体现如下特点。

第一，学习任务的设计与组织要体现问题解决策略的多样性。

学习任务的设计针对单元整体的核心目标，基于学生已有的基础，因此在设计学习任务时，要给予学生自由个性的学习空间，允许不同学生依据自身已有的认知基础、思维习惯、学习水平开展学习，能够展现出不同的问题解决的策略和方法。学习任务难度要适度，应是学生独立或合作能够完成的；每个教学时间段内的学习任务也不宜过多，每个学习任务中应留有学生个体调整和反思的空间。

案 例 链 接

"小数除法"主要有三个学习任务。

任务1是给出问题情境，解决两个除法问题，意在唤醒学生对除法的意义的理解和认识；结合生活中常见的"买4赠1"的情境，引起学生在知识迁移过程中的认知冲突。

任务2是分一分，边分边记录分的过程。学生可能会有两种不同的观点：一是不能再除下去（前概念），二是可以除下去（新的知识）。针对这两种认识，展开讨论，说明理由。

任务3是剩下的几元钱不能直接分的时候如何解决？这样做是为了沟通数学模型与竖式间的联系，目的之一是实现从人民币这一计量体系抽象出小数的计数单位体系的过程，将抽象思考变得直观化、可视可操作；目的之二是帮助学生在实操性的活动中达到对小数除法算理的"真理解"，从而初步体会单位细分的价值。

具体设计思路如下图。

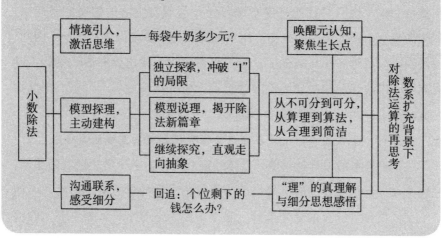

小学数学深度学习教学活动的设计要关注学生的差异和多种学习倾向。学生学习差异主要表现在学习速度、学习能力、学习适应性和兴趣经验等几个方面。要考虑全班不同层次学生的要求，为其设计的学习活动应该在他们的最近发展区内，能够满足其共性与个性的需求，要关注学生多元智能的倾向，给学生提供思考与讨论的时间和空间，便于他们进行深度加工。因此，教师在设计时要考虑学生的表层理解与深层理解的平衡，最终达成概念性理解。使学生学习活动的结果最大化，这也是优质教学的一个标志。

第二，学习任务的设计与组织要渗透学习方法和过程的指导。

小学数学深度学习教学活动的设计要关注如何有效地指导学生完成具有挑战性的学习任务。学习任务不仅仅是学生在课堂上需要解决的问题，还包括要经历的学习过程、体验的学习方法。深度学习教学活动的过程就是关键问题解决的过程，也是问题解决策略选择的过程。只有当学生主动参与学习活动时，才能在自己原有认识的基础上构建起关于新知的意义，也才能有效应用。在学生探索解决挑战性任务的过程中，教师需为学生提供有效指导，甚至可以在必要时直接示范解决问题的策略。在这个过程中，教师要为学生提供方法、工具、策略，让学生利用这些去交流探讨、行动实践，最终实现对问题的深入理解。

案 例 链 接

在学习"认识面积"一课时，教师设计了"比较两个长方形哪一个面积更大？"的学习任务。在学习任务提出之后，教师给学生提供了一系列规范的学习任务指导，如"先用手摸一摸这两个图形""再想一想怎样比较这两个图形面积的大小（可以剪一剪、拼一拼，也可以借助学具袋里的学具来摆一摆，还可以尝试其他方法）""想好后，先把自己的想法在学习卡上写一写，写完后，再亲自动手试一试，验证自己的想法是否正确"。

这样可以引导学生逐一完成学习任务，帮助学生明确完成学习任务的方法和步骤，使学生的操作和探究更具有实效性。

2. 学习活动的统整性和适切性是组织深度探究的关键

第一，小学数学深度学习教学活动设计应具有统整性。基于单元学习主题的设计活动，不能仅仅思考一节课，更要从单元整体学习的角度来思考，学习活动各个环节之间的设计要符合课堂教学内在逻辑，符合学生认知发展的规律，关注学生学习的逻辑起点。

案 例 链 接

"货币与我们"单元学习主题的学习分为四个环节：认识货币、购物交易、发展中的付款方式、设计乐学币。在学习的过程中主要设计了"主题演讲""实践购物""创意设计"的实践活动；着重强调学生在这个过程中的主动参与和有意义学习，引导学生展开积极的合作沟通，并且与时俱进，充分结合现实背景，发展出与学生生活密切联系的付款方式。

在教学活动的课时方面也打破原有架构，进行贴切主题的调整。（见下表，更多内容详见本书第四章案例三。）

单元内容重构前后对照情况

常规教材中的内容安排 （3~4 课时）	调整后以"货币与我们"为主题的 单元内容安排（7 课时）
买文具　1 课时	认识货币　1 课时

续表

常规教材中的内容安排 （3~4课时）	调整后以"货币与我们"为主题的 单元内容安排（7课时）
买衣服 1课时	小组购物交易 2课时
小小商店 1~2课时	年级购物活动 3课时
/	发展中的付款方式 1课时
/	设计乐学币 课后

第二，小学数学深度学习教学活动设计应具有适切性。组织探究活动时，要充分考虑学生学情，以学生能够理解的方式开展，要选择适合学生年龄特点、学习特点的活动方式。适切性还表现为能引发学生持续探究，吸引学生全面、深度参与学习活动，建立学生经验与知识之间的联系，激发学生的学习潜能。

案 例 链 接

"货币与我们"单元学习主题的学习设计了两次购物交易探究活动，分别是班级内的小组购物交易活动和年级内的跨班购物交易活动。

①班级内的小组购物交易活动。

第一，小组每位成员从家里带2个自己愿意交易分享的物品，标上价钱，把自己的小组建设成为临时的小小商店。

第二，教师为每个小组准备一些不同面值的人民币，以及一张交易记录单。

第三，让学生轮流扮演售货员和顾客，现场进行交易活动。

第四，让学生边操作边把交易的过程记录在交易记录单上，包括商品名称、商品价格、顾客付的钱数和卖家找的钱数四部分。

②年级内的跨班购物交易活动。

为让学生对购物活动有充分的体验，感受货币与我们存在着切实的联系，设计了以"小鬼当家"为主题、以"购物"为主要内容的"乐学嘉年华"教学活动。活动不受班级和课时的限制，过程如下：

第一，学生提前从家里带5件愿意交易分享的物品，并规定价格。让学生了解旧物交换既是一种分享也是一种公益。

第二，布置各自的班级为临时的小小商店，并设计各自小组促销的海报和宣传语。在其中的3个班建设小小加油站。充分发挥学生的主体作用，从头到尾地创造。

第三，教师为每个小组准备一定金额不同面额的人民币作为本金。小组成员集体活动。关注小组合作时是否能集思广益、懂得协商互让，在合作中扬长补短，解决更多的问题。

第四，一部分学生扮演售货员，一部分学生为顾客，开始全年级的走班交易活动，以小组合作的形式在各班购买自己喜欢的商品，经历问价、还价、付钱、找钱的过程。一小时后，角色互换。如果学生在交易过程中出现金额不够的情况，可以到任意一个加油站通过答题方式赚取自己的人民币。

第五，活动结束后，教师为每个小组提供一份交易记录单，一方面通过回顾，将自己小组交易的过程记录在交易记录单上；另一方面反思、整理本次活动，进行小组互相评价。

四、设计持续性评价

深度学习提倡持续性评价。持续性评价是以单元整体目标为依据，以具有序列性的课时教学目标为着眼点而设计的不同层次和水平的评价。持续性评价的设计要区分不同的认知层次和学习水平。

（一）持续性评价的特点

持续性评价回答"是否达成了既定目标"的问题；是指依据深度学习目标，为学生的深度学习活动持续地提供清晰反馈，帮助学生改进学习的过程，包括建立标准并提供反馈。有效的持续性评价关注五个方面：一是评价要依据深度学习设计的学习目标，确定评价的标准。二是评价要关注过程，贯穿整个学习活动，及时了解学生的学习状况和学习需求，要让教学过程始终伴随着对学习的诊断和评价。三是评价要采用多角度和多样化的方式进行，对学生在学习过程中呈现出的不同状态，教师要考虑不同学生的特点和个别差异，不以统一标准要求每一个学生，要因人而异进行评价。对学习过程的评价应该伴随学生学习活动的始终，但不必刻意为之——可以在面对学生个体时进行，也可以在面对学生集体时进行；评价内容可以指向学生的学习态度、学习方法、学习结果等。根据评价的目的，评价方案可以是过程性评价、终结性评价，检测性评价、激励性评价，正式评价、非正式评价；在形式上可以包括学生自评、学生互评、教师评价和专家评价等。四是重反思改进，要以"改进与发展"为导向，反馈意见要详细、具体，应能针对每个重要环节给予持续性的辅导，通过评价促进学生产生持续的学习动力。五是共同制订评价执行计划。最重要的是让学生参与到评价过程中，要通过师生共同参与的诊断评价过程，让学生看到自己的进步，改进自己的不足，而非简单地进行考核与甄别。

（二）持续性评价方案的设计

持续性评价的目的是诊断学生的学习效果，针对学生学习过程中遇到的困难，通过指导给予帮助与支持；检测诊断也是针对学生的理解与掌握情况进行反馈，以便有效调控后续的学习进程，促进学生完成学习任务。评价方案的设计包括评价目标、内容、方式、重点等方面。根据学习的进程，可以在不同的学习节点设计不同层次和水平的评价——根据具体的内容与教学实践的情况确定，不必太复杂，要有利于评价效果的实现。

以"小数除法"为例，下面的题目是持续性评价中的一个题目，是为了区分学生对除数是小数的除法的不同认知层次而设计的。

持续性评价题目的设计

评价题目	评价重点
5.6 除以 0.4 等于多少，你有什么办法知道？请尽可能详细地记录下你的思考过程（可以写一写、画一画）	学生有哪些算法？ 学生的思维路径和认知层次是什么？

也可以设计检测性的题目。这在于了解学生自主学习目标的达成情况，明确学生学习过程中遇到的难点问题，为集体或个别指导提供依据。教师可以在学生完成某一学习任务后通过检测卡片对学生的学习效果进行检测。由于是针对某一具体学习内容而进行的检测，检测卡片中的内容不宜设计得过多，以便教师能够在课堂上向学生及时反馈结果，安排学生后续的学习内容。

案 例 链 接

以"面积"内容为例，依据评价目标可设计如下的检测卡片。

评价目标1：

①学生能否用测量面积的标准测量屏幕的大小，考查学生对"面"的理解。

②学生能否通过统一标准，定量描述手机屏幕大小，考查学生对"面积"的理解。

③小组成员在寻找、测量、统一标准过程中的合作能力以及合作表现。

据此设计的检测卡片1见下图。

检测卡片1　　三年　　班　　姓名：

同学们，老师手机的屏幕不小心摔碎了，老师想重新换上一块屏幕。请你们帮忙量一量、算一算，应该换上一块多大的屏幕呢？（以小组为单位汇报结果）

评价目标2：考查学生能否通过长度、面积的学习，迁移到体积的学习，即先寻找测量"体"的标准——小块，然后用"小块"测量"大块"。

据此设计的检测卡片2见下图。

检测卡片2　　三年　　班　　姓名：

我们经常玩的魔方，你知道它的大小吗？你打算怎样测量它的大小？

除了上述设计操作或检测题目外，教师还可以根据课堂学习的进度进行相应的评价设计，以便更好地关注课堂教学中的评价。

案 例 链 接

以"小数除法"为例，根据课堂学习进度设计了如下的评价方案。

持续性评价方案的设计

序号	评价目标	评价任务	评价标准	评价方式
1	诊断学生对除数是整数的小数除	（1）平均每个茶杯多少元？	结合学生熟悉的情境，考查学生能否	课堂提问

续表

序号	评价目标	评价任务	评价标准	评价方式
1	法算理的理解水平	 （2）平均每个卷笔刀多少元？ 	以计量单位的转换支撑计数单位的转换，即能否结合情境理解竖式中每一步的意思	
2	诊断学生对除数是整数的小数除法的算理理解水平，探究寻求小数除法算法的水平	下面的除法竖式中的"40"表示（　　）。 A. 40 个 1 B. 40 个 0.1 C. 40 个 0.01 D. 40 个 0.001 	抽象到数学竖式的表达，在平均分的过程中，理解每分一次分的意义，理解小数的意义，进而理解除数是整数的小数除法的算理	课堂提问
3	诊断学生对小数除法算理的理解水平、算法的掌握程度和解决有关实际问题的能力水平	 （1）星星文具店的钢笔每支多少元？阳光文具店的钢笔每支多少元？说一说你是怎么算的。 （2）用竖式算一算，结合情境说一说竖式中每一步的意思。	结合具体情境，能正确、合理地进行竖式计算，理解竖式中每一步的道理，并能够解决有关实际问题	课后展示

续表

序号	评价目标	评价任务	评价标准	评价方式
3		(3) 说一说，哪个文具店的钢笔便宜？每支钢笔便宜多少元？		

　　另外，在学习过程中，可设计一定的形成性评价环节，以了解学生学习的进程和表现。除了教师及时掌握每个学生的学习目标达成情况以及学习过程中所遇到的问题之外，学生也应该对自身的学习情况有所了解并做出恰当的评价，使自己真正成为学习的主人，掌握学习的进程。因此，要关注并引导学生学会自我评价。一般情况下，为了降低学生对自我评价的难度，教师可以根据内容给学生设计自我评价卡，尽量让学生采用填空的方法进行评价。比如，"在完成学习卡片之后，对自己评价一下吧，请在你能做的事情后面打'√'"。对于高年级学生，可以适当增加评价的项目，除了要求学生对学习兴趣、个人表现、学习达成度等方面进行等级评价，还可以要求学生写出学习之后的困惑和收获。

第三章

小学数学深度学习的实施策略

第一节　如何实施小学数学深度学习

一、如何确定单元学习主题

一般来讲可以从实际教学进度中，选择核心内容作为深度学习的主题，或者选择具有探究意义的发展学生核心素养的综合性主题，作为深度学习的主题。数学学科的核心内容一般是指学科中的主要内容、关键内容，是由一系列相关的知识点串联起来的内容结构。数学核心内容蕴含着数学学科的学科本质，同时也反映数学学科的基本思想，因而它是学生理解数学学科本质和发展数学核心素养的关键。小学数学学科的核心内容包括数的认识，符号的认识，数的运算，数量关系，图形的认识，图形的测量，数据的收集、整理与表达等。对于核心内容的学习，要使学生掌握对一类内容的学习与理解，起到触类旁通的效果。

对单元学习主题的确定，可以从以下三个方面入手。

第一，根据核心内容进行主题确定。例如，"度量单位"是"图形的测量"这类核心内容中的核心知识，可以将长度、面积、体积的学习作为一个学习主题，长度即长度单位的累加，面积即面积单位的累加，体积即体积单位的累加。

第二，可以将教材中的单元内容作为学习主题。例如，"长方体（一）"这个单元是"图形的认识"这类核心内容的学习主题，单元中所包含的各个课时的内容都指向深度学习单元目标；也可以整合不同的单元内容作为学习主题。

第三，将以现实问题为背景的跨学科领域的内容整合而生成学习主题。这样的学习主题不受单一的核心知识限制，可以是两个以上核心知识的综合运用，甚至可以整合不同学科的内容和方法。重点在于运用所学的知识解决问题，培养学生的应用意识和实践能力，如"城市的交通问题""货币与我们""数字规律探索""组合图形探索"等。

学习主题的选择一般从核心内容着手。可以从小学数学的若干核心内容的整体出发选择学习主题，如"数的认识""数量关系""图形的认识"等。这样的学习主题可以是一个单元的内容，也可以是多个单元内容的整合。如从"数的认识"中选择学习主题，可以选择"20以内各数认识"作为学习主题，也可以考虑将20以内和100以内数的认识整合起来作为学习主题。也可以直接在教材中的单元内选择学习主题，如"面积与面积计算""分数乘除法"等。

选择主题时从核心内容入手，同时重点考虑选择的主题体现的数学思想方法，有助于学生核心素养的形成。这是深度学习设计时应当重点突出的问题。如数的认识方面的主题，突出学生从具体到抽象过程的体验，培养学生初步的抽象能力和数感；又如数的运算方面的主题，重点突出学生对算理的理解，培养学生的推理能力和数感等。

二、如何处理时间安排

教学时间问题是一线教师平时最常遇到的问题之一，比如深度学习是学生围绕某一具有挑战性的学习主题进行深入探究，但在实际操作中，往往学生的探究过程一深入，这节课就很快过去了，那日常教学内容该如何按时完成？深度学习的教学时间该如何处理？

一是深度学习强调在教学过程中，用少量主题的深度覆盖，代替所有主题的表层覆盖，突出数学的核心知识和高阶思维，培养学生的核心素养。深度学习在教学中就是要走进学生情感和思维的深处，而不是停留在学习知识层面；要触及学科的本质和知识的内核，而不只是教授表层的知识。不是课程标准和教材中涉及的所有内容都要用同样的方式设计，也不是所有的内容都要用同样多的时间学习。对于深度学习所涉及的主题，学生用较多的时间探索和学习。学生理解、掌握了核心知识，特别是学会了相应的数学思维方法，培养了核心素养，就可以举一反三，对其他内容的学习就可以用较少的时间。在教学过程中需要打通学生学习与发展的内部转换过程，只有这样才能促进学生的自主发现和真正理解。

二是时间安排方面，教师要统筹课上和课下学习任务——课上开展需要指导的关键性学习内容，如操作、汇报、讨论交流等功能价值更大的活动；课下让学生完成能够自己完成的查阅资料、总结及自我评价等活动。在课堂上，教师要注意时间的管理，特别是学生合作学习的时间；小组任务分工要明确，指导语要清晰；学习汇报环节中有很多内容重复或者相似，为了节约时间，教师在桌间巡视指导时要做到心中有数——了解各组的讨论情况，选出具有代表性的内容让学生汇报，提高小组合作和交流的效率。

三、如何进行持续性评价

评价在深度学习的过程中发挥着重要的作用，影响着学生学习达到的程度。深度学习中的持续性评价可以促进对学生学习过程进行监控，对预期目标进行检验。

深度学习的要素之一是持续性评价，在评价时要处理好单元评价与课时评价的关系；要基于具体内容灵活选择评价方式。持续性评价未必一定是题目的测试，也有可能是学生在活动过程中的表现性评价，还可以是针对具体的学习内容设计的评价量表。如在学习比例尺内容时，教师设计"绘制校园平面图"的教学，透过具体的情境，使学生在参与绘制校园平面图的过程中体会比例尺的含义，会用比例尺解决具体问题。下面是"绘制校园平面图"中的评价量表。

案 例 链 接

"绘制校园平面图" 持续性评价量表		
	需要避免	**可以提高**	**真的很棒**
知识和技能	• 校园平面图应符合比例要求	• 比例尺选择合理 • 平面图地点标注清楚	除了满足"可以提高"的标准外，平面图实用性强，有创意
交流互动能力	• 不会自主交流设计方案 • 不能通过交流发现问题解决问题 • 汇报成果不完整 • 汇报时间长，表达不清楚，没有平衡图片和文字的比例	• 能交流设计方案并进行改进 • 能通过交流发现问题解决问题 • 汇报的文字内容清晰简洁无错误 • 小组汇报表达清晰	除了满足基本要求外，还要满足： • 交流心得体会，分享快乐 • 小组汇报较生动
协商合作能力	你的小组： • 没有为所有成员创造分享想法的机会 • 没有公平地分配工作 • 没能充分利用委派任务的机会	你的小组： • 倾听并尊重每个人的观点 • 相对公平地分配工作 • 根据成员各自的强项委派任务	你的小组： • 整个过程中保持富有成效的合作关系 • 在合适的情况下，考虑到每个人的需求 • 团队协作所创造的成果远远超过任何个人所创造的成果
项目管理	你的小组： • 由于精力分散或低效而浪费了宝贵时间 • 在开始时没有花时间去制订计划 • 错失了修订计划的良机	你的小组： • 一直在进行任务，且大致上工作有效率 • 在项目开始时制订了计划 • 在截止时间前已经有了可以分享的成果	你的小组： • 掌控整个小组进展 • 每当必要时，进行项目计划的修订 • 预留了一定时间用于修改最终成果

对于具体内容的学习，持续性评价最核心的是要区分不同的认知层次。以"小数除法"这个单元为例，它着重要培养学生的运算能力，教师可以从以下角度思考持续性评价的设计：（1）学生对算理的理解是重要的主题目标之一，那么这样的理解又分为几个层次？（2）如何设计题目才能体现对算理理解的不同层次？这样可以使设计出的评价题目本质不脱离运算能力的培养。

四、如何创设有效问题情境

深度学习中创设的问题情境应紧紧围绕学习主题，引发学生通过核心知识的学习进行深度思考，发展学生的高阶思维，培养学生的核心素养。问题情境要从学生已有的生活经验、知识基础和认知水平出发，遵循知识间的内在逻辑联系，吸收与现代生活密切相关的数学信息，通过蕴含数学知识的问题背景，促进学生高阶思维的产生。

（一）明确问题情境中承载的数学问题

深度学习的问题情境应是以承载数学问题为目的的真实任务。一个好的问题情境应该能够恰当、清晰地体现数学问题，并能在课程的进一步开展中发挥引导作用。设计的问题情境能唤醒学生已有的知识经验，能凸显相关的数学思想方法，能为后续的探究学习做好铺垫，并且有利于学生感受知识的产生过程。为设计有效的问题情境，教师应该根据学习主题的单元整体目标和具体课时目标确定一节课要解决的核心问题，以及学生在探究核心问题过程中可能生成的问题，从学生的学情出发，将一个大的数学问题或者一个问题串蕴含于特定的情境中。

案 例 链 接

"小数除小数除法"教学中，给出这样的一个问题情境：

> 淘气：4.2元　0.3元/分钟
> 笑笑：18元　　7.2元/分钟
> 　　　　　　　　　　谁打电话的时间长？

虽然这个情境很简单，但是这个情境中的数学问题很明确，而且是一个驱动性的"大问题"下形成的问题串，给学生足够的探究空间。（见下图）

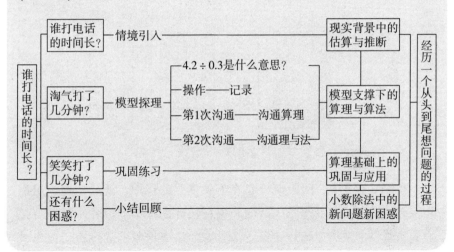

（二）把握知识的内在联系，创设问题情境

数学知识具有很强的系统性和逻辑性，知识之间联系紧密。深度学习问题情境的创设，可以充分利用知识间的内在联系，针对学生相关的前概念和易混淆的概念，采用多样的方法创设问题情境，进而引导学生进行观察、猜想、验证，得出相关结论。这样不仅能激发学生探究问题的动机，也有助于学生形成知识结构。

案 例 链 接

　　"小数的意义"一课，在教学中可以先不直接出示"0.1"和"0.01"的概念，而是在认识"0.1""0.6"的基础上，从用"0.6"表示阴影到用"0.61"表示阴影，经历"0.01"的产生过程，体会小数计数单位的不断细分，突破对小数部分计数单位的理解。（见下图）毫无疑问这是一个具有挑战性的问题，但正因如此，学生之间展开了非常精彩、热情的对话和讨论，最终解决了问题，也实现了深刻认识小数意义的教学目标。

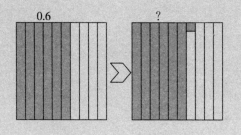

　　在深度学习中，问题情境起着至关重要的作用，通过情境引出需要探究的问题，激发起学生对问题进行探究的欲望。但并不是所有探究问题的提出都需要情境来做支撑，有的需要探究的问题也可以由教师直接提出。所以在深度学习的探究活动中，教师要明确创设问题情境的目的，创设有价值的问题情境，不能让情境成为课堂教学的装饰。

五、如何使用和处理教材

　　以单元学习主题为主线进行深度学习教学设计，必然涉及教材的使用和处理。要实现深度学习的教学理念，落实深度学习的教学目标，就要使学生在教师的引导下，用结构化的学习方式，学习结构化的知识。结构化的学习内容需要教师合理处理教材，重组教学内容，根据学生以往的知识、经验来认识和理解新的学习内容组合，不断将新知整合到学生原有的知识结构中去，对教材内容进行进一步的加工、重组，精心设计适合的学习内容，进而形成单元学习主题的知识结构，使学生能够开展结构化的学习。

一般而言，深度学习的教材使用与处理可以以"教材单元"为基本单位进行调适。以教材中的单元学习主题、结构框架、内容体系为主，根据学生的实际情况对教材的单元进行调整和优化，以适应学生深度学习的需要。这种调适可以是基于某一个核心能力进行单元之间的调整，也可以是基于某一个具体内容进行一课时的优化。

案 例 链 接

在"分数的再认识（二）"一课中，学生需要借助分数墙认识分数单位。教师针对学生在分数认识上存在的困难，尝试在学生认识分数单位的同时，通过研究分数墙促进学生对分数的认识，渗透数感的培养。基于这样的思考，教师对教材内容进行了再次加工，最后确定了学生借助长纸条亲自动手表示出分数单位、分数，循序渐进地经历亲自搭建分数墙和研究分数墙的活动，教学设计活动流程见下图。就这样，学生借助以往分数学习的经验，在动手操作和层层递进的观察、思考中，深化了对分数的认识。

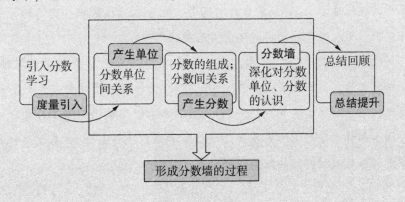

另外，因为把提升核心素养作为深度学习教学改进项目的重要目标之一，所以要思考核心素养与数学内容的联系，要强化学生对数学核心概念的理解，并在此基础上去思考如何把教材内容转化成学习内容。

案 例 链 接

在小学，运算所占比重很大。运算是一种能力，比"技能"更重要的是理解算理、寻求算法；运算也是一种素养，在具体的问题解决情境中，不仅可以自主地设计算法，还要可以用数学语言表达出来。对于"运算能力"这个数学核心素养的认识如下图所示。

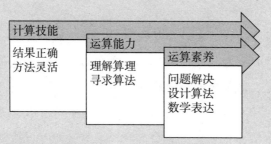

基于对运算能力的深入理解，进行单元整体设计，视角便会很不同。如"分配律"的学习，不再过分关注某一分配律使用的熟练程度，而是更加关心"分配律是什么？什么样的问题可以应用分配律进行简算？道理何在？"这种数学本质的思考，把原本对机械操作能力的关注转变为对深入思考和思辨说理能力的关注。

比如"小数除法"单元，当从培养运算能力这个角度去审视时，在数学本质方面就会考虑如下三点：①产生新的运算对象（余数怎样处理，还能否继续运算）；②运算的自我丰富（发现小数除法的算法）；③揭示各种对象之间的关系（通过模型和操作理解算理）。基于这样的考虑，再对教材内容的结构与例题进行处理。

第二节 如何保障小学数学深度学习的实施

一、发挥教研引领功能，搭建深度学习分享空间

　　教研活动是组织教师开展教学研究，帮助教师解决问题与困难，实现教学改革理念与实践沟通的有效途径。小学数学深度学习的研究需要充分发挥教研的组织与指导功能，营造深度学习教学改进项目实施的教研环境。

　　引导和组织教师开展教学研究活动，可以加强教师间的合作与交流，充分发挥集体的智慧和力量，为参与实践的教师提供实际帮助。深度学习教学改进项目的实施只有扎根课堂，解决好课堂教学中的突出问题，才能实现深度学习的目标。基于深度学习教学改进项目的教研活动的开展，要指向教师的课堂教学实践，为教师提供专业支持，引导教师亲历现场，亲历深度学习课堂教学研究的全过程，获得丰富的实践经验，从而更好地体现出教研活动的价值和意义。教研活动的分享可以帮助教师对深度学习的教学设计与实施在操作层面有更好的把握，从而更容易接受和理解，并最终内化为个人的实践行为。小学数学深度学习的教研可以围绕相关主题，采用课例研修等多种方式组织和实施。即可以以"课例"作为研究对象和研究问题的载体，聚焦课堂，研究深度学习教学实践中发现的问题，在日常教学中开展教研活动，逐步使深度学习的研究实践常态化。

　　教学研究活动还可以增进教师对深度学习的理解与认同。深度学习对很多一线教师来说并不熟悉，教师要通过学习和实践，理解深度学习的内涵与价值，认同深度学习的理念。教研部门可以根据深度学

习研究的需要，以及学校和教师开展深度学习教学改进项目的需求，组织有针对性的、持续的、多样的活动，以增进教师对深度学习的理解与认同，这是实施深度学习的重要保障。这当中涉及教学理念的转变、教学方式的转变、评价方式的转变等。深度学习教学改进项目的落实需要教师从整体上理解小学数学课程与教学，认识数学学习的价值，以及深度学习对于学生在数学理解与核心素养培养上的价值。通过典型的核心内容学习主题的教学设计，经历深度学习教学设计与实施的过程；通过实际课堂教学的碰撞与触动，更好地理解深度学习的实质和操作方式。

深度学习教学改进项目，需要教师通过教学案例的设计和实施，不断地学习和理解，在这个过程中逐步改变固有的教学行为和习惯，使深度学习的研究更好地开展。教师要不断更新教学理念和改变行为，将深度学习理念和学习方式内化为设计和实施教学的习惯。针对教学实践中如何培育学生核心素养，如何促进学生学习方式的真正改变，教师要在实施深度学习中，把学生看作教学过程的主体，关注学生的成长过程，引导学生深度思考，帮助学生扫除学习中的障碍，形成持久的学习体验；还要提供安全的学习环境，让学生自由、开放地去表达自己的观点和感受。

二、建立深度学习工作坊，发挥教师团队作用

深度学习是以单元内容为线索的，需要对单元内容进行整体把握，对学生学情进行分析，还要整体制定单元目标、各课时目标，进行教学设计并在课堂实施。这需要发挥教师团队的作用，团队中教师要进行合理分工、互动交流，才能更好地完成研究任务。学校可以成立深度学习工作坊，按照行动研究"设计、行动、考察、反思"的基本路径，不断进行教学案例的开发实施，提升教师的教学设计能力，满足学生深度学习的需要，通过团队完成研究的任务。

选题依据、单元内容的整体把握可以由团队中的骨干教师承担，因为骨干教师的学科底蕴比较深厚，具有较高的研究能力，对核心概念的理解和分析比较深刻，能够对核心概念进行比较精准的解读，直接引领后续研究。

学生学情分析可以由骨干教师和比较有经验的年长教师带领年轻教师共同承担。这部分内容包括问卷设计、学生调研、学生访谈、数据分析等，需要团队教师共同交流碰撞，找到学生的学习困难以及思维路径，是进行教学设计的重要依据。

教学设计和课堂实施可以由1~2位年轻的骨干教师承担，但团队的所有教师要共同听课，集体进行交流、碰撞，观察课堂是否体现了核心概念，是否在学科素养发展的基础上提升了学生综合素养。这一般要经过几轮的实施和调整。

三、提高专业素养，适应深度学习研究的需要

深度学习强调以任务和问题解决为依托组织教学内容，以学生为主体开展教学活动，以多样化的解决问题的策略展示学习成果。这些典型特征要求教师熟悉主题教学、具有跨学科的综合问题解决能力及团队合作的精神和创设学习情境的能力，需要对自身在教学过程中的角色进行重新定位，提高自己的专业素养，适应学生深度学习的需要。学习是构建深度学习教学智慧的重要途径，因此，教师要在不断学习中形成开展教学所必备的知识、技能、能力等素养。比如，教师要能以"设计者"的身份参与到单元结构的整体设计、单元计划的合理设计以及每一节课的具体设计中，为学生提供多样化的学习资源。这就要求教师：一是要能优化单元内容结构，包括确定单元整体目标和调整单元框架；二是要能合理优化单元教学计划，包括实现教学目标的具体化、教学时间的弹性化、教学模式的灵活性、教学评价的多元性、教学资源的多样性等；三是要能优化课堂教学设计，包括能使教学目标

体现培养目标与学生发展的层次性，能设计多样化的学习任务，能选择合适的教学策略，能给学生在课堂上提供开放自由的学习空间，等等。

四、重视信息技术的有效运用

随着信息技术的不断更新，以计算机技术发挥重要支撑作用的应用数学的发展是当今数学发展的一个重要特征。计算机技术与数学之间这种"自然天成"的关系，使得数学课程中运用信息技术成为一种必然的选择。事实上，它已成为当今世界各国数学课程改革都重视的方向。在这样的背景下，开展小学数学深度学习，必须重视信息技术的应用价值并加以有效应用。在小学数学深度学习中，要重视三个方面的应用。

（一）直观演示，把真实的问题带入课堂

通过使用录像、演示、模拟等，利用现代信息技术，能够让学生在有限时间内体验更多，对知识点的理解更透彻。如在学习"认识负数"时，在进行正数与负数认识的教学后，教师可利用网络资源查找吐鲁番盆地及喜马拉雅山脉的相关资料，利用课件动态地向学生展示其海拔图，理解海平面以上和海平面以下如何表示，帮助学生构建起正数负数的概念。

（二）提供资源支持，拓展学生学习理解的空间

利用现代信息技术不但能够有效缩短学习时间，而且能够促进学生系统掌握知识，构建完整的知识体系。例如，货币单位的学习就可以运用信息技术收集整理相关内容，处理成学生学习的资源，向学生提供有关于货币的发展史、各国货币的换算、几套人民币的发展史等学习资源，帮助学生在货币发展的历史长河中对人民币进行认识。这样学生对所学内容的认识不再仅仅是一个点，而是一条线，甚至是一

个面，并且也找到了所学内容的根。

（三）作为课堂练习的工具，促进独立学习

信息技术工具能为学生学习和迁移提供多重情境和发挥潜力的机会，可以作为学生学习和问题解决的工具。特别是数学课堂练习，教师可以充分利用信息技术的优势，不断丰富练习形式，优化练习内容，从而使学生的数学学习更加有效。如在学习"20以内的加减法"时，教师借助现代信息技术设计出"猜一猜""比一比""算一算""闯一闯"等各种通关游戏练习形式，并配上学生喜闻乐见的卡通人物和适当的音响效果，进一步提高学生的练习兴趣，给学生提供发挥潜力的机会。

第四章

小学数学深度学习的
教学案例

案 例 一

小数的意义和性质

教材版本：人民教育出版社 2013 年版

授课年级：四年级

单元总课时：6 课时

设计者：吴正宪①　张秋爽②　陈春芳③　李朝霞④　史　颂⑤

　　　　武维民⑥

执教者：吴正宪

◉ 单元学习主题

1. 主题名称

小数的意义和性质。

2. 主题解读

从课标角度看，数概念的学习离不开两个层面：一是数的组成，二是生活情境。谈到数的组成，如 1.23 是由 1 个 1、2 个 0.1 和 3 个 0.01 组成的，这里体现了数的本质结构特征，数是由计数单位和个数累加而成的。生活情境则是让抽象的概念直观化，培养学生的数感。

从数学教学内容看，在小学阶段，说到数的概念，我们自然会想到自然数、分数、小数和负数。从其意义来分，包括三类：对数量的

---

① 工作单位为北京教育科学研究院。

② 工作单位为北京市顺义区教育研究和教师研修中心。

③ 工作单位为北京市顺义区石园小学。

④⑤ 工作单位为首都师范大学附属顺义实验小学。

⑥ 工作单位为北京市房山区教师进修学校。

抽象、部分和整体的关系，以及意义相反的量。自然数、分数、小数具有密切的联系。小学生认识和理解自然数的含义主要是从基数和序数两个角度；小数是一种特殊的分数，它是十进制记数法的拓展，也是数概念的一次扩充。小数与分数的学习带领学生开始从"微观"的视角来认识数——在任意两个相邻的自然数之间都存在着可以表示小数或分数的点，从而让学生更加直观地看到自然数、小数与分数的内在联系：小数是十进分数，小数和自然数一样，都有着相同的表示方式，都是用十进制记数法表示的。这三种数都是以"1"为标准，在此基础上，不断地复制和累加就是自然数；以"1"为标准，平均分成若干份后，就会产生不同的分数；其中均分成 10 份、100 份、1000份……，就是我们说的有限小数。

　　从学生的认知来看，他们有两个困惑：一是学习了自然数，为什么还要学习小数和分数？二是从课前访谈来看，学生虽然学习了"小数的初步认识"，但大部分学生对于小数的认识还停留在小数的外在形式上，这种认识是模糊的、非本质的，甚至有个别学生对小数没有什么印象。在他们的头脑中，小数过于抽象，很难进入自己的认知系统。（更多课前访谈内容详见后文。）

　　"小数的意义和性质"作为整个单元的核心内容，将计数单位不断地细分以寻求更小的分数的探究以及在探究过程中反映的数学核心素养作为单元学习主题，重点培养学生发现问题、提出问题、解决问题的能力以及推理能力。为此，要多考虑如何让学生在单元学习中，体会学习小数的价值，进一步理解数概念的本质，关注知识间的内在联系，结合具体情境感悟并理解计数单位、位值等核心概念。

◉ 单元学习目标

1. 目标确定

（1）单元内容整体分析。

人教版教材四年级下册中"小数的意义和性质"单元是在三年级

"分数的初步认识"和"小数的初步认识"的基础上教学的，是学生系统学习小数的开始。从一年级认识人民币、接触到价签上的小数，到三年级从生活中"元、角、分"的角度引入学习小数，学生已经会以"元"为单位描述价钱，如一瓶饮料的价格是 4.5 元。通过这一单元的学习，学生将进一步理解小数的意义，认识小数的性质，为学习小数的运算及学习分数奠定必要的认知基础。

本单元的教学内容包括小数的意义和读写法、小数的性质和大小比较、小数点移动引起小数大小的变化、小数与单位换算，以及小数的近似数。这是在学生熟练掌握了整数四则运算以及学习了分数初步认识的基础上进行教学的，也是学生今后学习小数四则运算的基础。在小数的意义和读写法教学中，学生明确了小数就是分母是 10、100、1000……的分数，并了解小数的计数单位及单位间的进率是教学的核心内容，这既是对小数的再认识，对计数单位的深度理解，又是小数的大小比较、小数的加减法等知识的基础。单元整体框架如下：

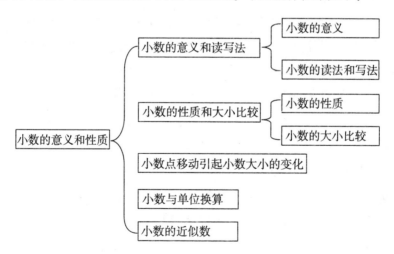

（2）单元内容学情分析。

为了深入了解学生对小数的认识，在讲授"小数的意义"一课时，采用课前访谈的形式对学生的情况进行了解。（见下页表）

"小数的意义"课前访谈

	访谈内容	访谈结果
课前访谈	小数在你心中长什么样?	学生回答有如下四种情况: 1. 小数得有 0,还得有个点儿。 2. 小数是不整齐的数,比如 0.3 就是不整齐的小数。 3. 小数很小,小数是比 1 小的数。 4. 钱就是小数,0.5 元就是 5 角钱。

通过学生的回答我们不难看出,大部分学生对于小数的认识还停留在以往整数概念的认识上,更多地注重小数的外在形式。在他们的头脑中,小数过于抽象,很难进入自己的认知系统。

根据教学内容的安排,本节课应重点放在两位和三位小数的学习上,但基于学情的分析,利用面积模型复习一位小数产生的过程仍是必要的,可以唤醒学生的已有经验。

2. 学习目标

(1)在初步认识分数和小数的基础上,利用多种模型感受小数,进一步理解小数的意义,了解小数产生的价值,培养学生的数感。

(2)在单元知识的学习中,梳理出核心概念,感悟计数单位的重要性,体会数学的本质。

(3)掌握小数的性质和小数点位置移动引起小数大小变化的规律,会读、写小数,会比较小数的大小。

(4)能够根据要求会用"四舍五入法"保留一定的小数数位,求出小数的近似数,并能把较大的数改写成用万或亿做单位的小数。

(5)经历数学知识的形成过程,进一步提高归纳、概括能力,提升主动发现、提出问题和解决问题的意识与能力。

◉ **单元学习活动**

1. 单元学习规划思路

本单元涉及内容比较多，包括除运算以外的对小数比较全面而系统的研究。如果不能够以明确的核心概念将本单元的教学"统领"起来，学生学起来难免会有"大珠小珠落玉盘"的感觉——个个都重要，分开来易忘，放在一起易混。下面从站在单元整体的角度进行梳理和分析："小数的意义和性质"的核心概念是计数单位，我们可以把小数的意义、小数的读写、小数的性质、小数的大小比较、小数与单位换算等知识内容都和计数单位建立联系，这样就把知识点的罗列转化为一个知识网络，体现了知识间的内在联系，突出了核心概念，并且给核心概念以核心地位。（见下图）

小数的读写
认识数位顺序表（十进位值制）；
理解小数的组成，几个几
（计数单位与计数单位的个数）

小数的大小比较
先比整数部分：小数部分从高位开始逐位比较
（相同的计数单位比计数单位的个数）

小数的意义
分母是10、100、1000……的分数可以用小数表示。小数的计数单位是十分之一、百分之一、千分之一……，分别写作0.1、0.01、0.001……

小数的性质
在小数的末尾添上"0"或去掉"0"，小数的大小不变
（计数单位与计数单位的个数同时变化）

小数与单位换算
小数的改写与计量单位的改写；
小数性质与小数点移动规律的综合运用
（计数单位变了，计数单位的个数也要变）
（计量单位的个数变了，计量单位也要变）

小数点移动引起小数大小的变化
"小数点移动"背后的本质是什么？
（计数单位变了，但计数单位的个数没有变）

由此，可以设计第1课时"小数的意义"中，通过人民币、正方形、正方体、米制系统等多个数学模型，让儿童理解分母是10、100、1000……的分数可以用小数表示，小数的计数单位是十分之一、百分

之一、千分之一……，分别可以写作 0.1、0.01、0.001……。小数就是十进分数，感受学习小数的价值是细化单位和精准表达。

第 2 课时"小数的读法和写法"中，认识数位顺序表，体会小数和整数是一脉相承的，采用的是十进制记数法，相邻计数单位之间的进率是 10，感悟位值思想；理解小数就是计数单位和个数累加而成的，小数的读法和写法就是对小数进一步理解的过程。

第 3 课时"小数的性质和大小比较"中，在小数的末尾填上"0"或去掉"0"，小数的大小不变。如 0.3＝0.30，我们总是说：这两个数大小相等，但计数单位不同，这背后的本质就是它们的计数单位和个数同时变化，所以大小不变。而小数大小比较的方法本质上比的是相同计数单位上个数的多少。

第 4 课时"小数点位置移动引起小数大小的变化"中，小数点向右移动一位，相当于这个数乘 10；小数点向右移动两位，相当于这个数乘 100；小数点向右移动三位，相当于这个数乘 1000……；小数点向左移动一位，相当于这个数除以 10……。改变学生对小数点移动引起小数大小变化规律的表面现象的原有认识，从更深的角度，依托数位顺序表从"十进制""位值制"明白小数大小变化的根本原因，沟通"规律"与"小数意义""计数单位""十进制"知识间的联系。小数点移动背后的本质是，计数单位变了，而计数单位的个数没有变。

第 5 课时"小数与单位换算"中，包括小数的改写和计量单位的改写（单名数与复名数之间的换算）。这部分内容是小数性质和小数点移动规律的综合应用，也有分与合思想的渗透和对小数意义的进一步理解及巩固。其本质是等量代换，大小不变，所以计数单位变了，计数单位的个数也发生了变化。

…………

对教师而言，只有能够准确地捕捉单元中的核心概念——计数单位，才能够在每个课时的教学设计中有计划地进行渗透、有目的地进行点拨，让学生有机会围绕不同内容，在多层次、多角度的探究中，不断加深对小数意义的理解，从而将其纳入自己的认知结构。总之，准确把握单元教学中的核心概念，是深度学习的重要前提。

2. 单元学习规划

单元学习规划设计

课时	学习目标	学习内容	学习活动	学习资源
第 1 课时	直观感受到计数单位不断产生的过程以及相邻的两个计数单位之间的十进关系，培养学生的迁移和类推能力	小数的意义和计数单位	借助直观模型、多个例证进行抽象概括	人民币、米制系统、正方形、正方体、数线模型等
第 2 课时	会读写小数，完善数位顺序表，体会"数位""计数单位"和"位置"的价值	小数的读法和写法	结合具体情境体会数位顺序表扩充的意义	学生课前调研的生活中的小数；数位顺序表
第 3 课时	掌握小数的性质，会比较小数的大小	小数的性质和大小比较	通过问题引领，借助多种模型验证猜想，解决问题	方格纸、数位顺序表、数线
第 4 课时	通过自主探索，理解并掌握小数点移动引起小数大小变化的规律，会应用小数点移动引起小数大小变化的规律解决简单的实际问题；培养抽象概括能力	小数点位置移动引起小数大小的变化	通过"孙悟空的金箍棒"情境，提出问题，利用米制系统举例，从而得出猜想，进一步验证，并抽象概括	课件、磁黑板、卡片、金箍棒等教具
第 5 课时	会进行小数和十进复名数的相互改写，体会计数单位在改写中的价值	小数与单位换算	通过对姚明身高2.26 米换个说法、换个呈现方式，体会单名数和复名数之间的换算，大小不变	素材图片

续表

课时	学习目标	学习内容	学习活动	学习资源
第6课时	会用"四舍五入法"求小数的近似数，并能把较大的数改写成用"万"或"亿"做单位的小数，在对比中促进归纳概括能力的提升	小数的近似数	经历观察、猜想、验证、探索、应用的活动过程	科技、人文的信息或素材图片和数据

● **持续性评价**

针对不同课题的目标，确定评价的任务和方式如下表所示。

持续性评价方案设计

序号	评价目标	评价任务	评价标准	评价方式
1	认识计数单位，感悟计数单位个数累加就组成了数	(1) 课的开始：你心目中的小数是什么样的？ (2) 学习了自然数，为什么还要学习小数？	(1) 学生会举例，能表达：把1元平均分成10份，其中的1角是1元的十分之一，可以用0.1元表示。 (2) 通过多个例证感知学习小数就在于细化单位和精准表达	访谈、单元学习任务单
2	能正确读、写小数，知道它们的组成，能给抽象的小数赋予现实意义	(1) 小数的数位顺序表该写在哪一边呢？让学生自主尝试交流。 (2) 3.65表示什么意思？举例说明	(1) 学生能自主尝试构造小数的数位顺序表，并说出自己的想法。 (2) 结合具体情境，多角度解读（填一个单位"米"，3.65米表示3米6分米5厘米等）	学习单、课堂观察、生生对话

续表

序号	评价目标	评价任务	评价标准	评价方式
3	理解小数的性质和大小比较背后的道理，知其然又知其所以然	（1）为什么 0.3 = 0.30？用你自己喜欢的方式解释说明。 （2）为什么整数末尾填上 0 或去掉 0，数的大小就发生了变化？	（1）学生可以举例、画图、借助生活情境等方式去解释。 （2）在对比、举例中寻找相同和不同，进一步理解小数意义，感受变化背后的本质	学习单、课堂观察、小组合作、自主质疑
4	经历小数点移动引起小数大小变化规律的形成过程，体会观察、比较、猜想、验证、归纳的学习方法，培养学生概括的思维能力	（1）0.7、7、70、700 这四个数之间具有怎样的关系？结合生活实例说一说。 （2）你从中发现什么规律？ （3）这规律和计数单位有什么关系？	从自身已有经验出发，借助生活实例，借助元、角、分、米、分米、厘米，以及计数单位、数线和数位顺序表，自主探究小数点位移的规律	学习单、课堂观察、生活中的问题
5	进一步理解小数单名数和复名数之间相互改写中蕴含的思想方法	（1）2.26 米还可以怎样说？这样说行吗？为什么？ （2）单名数和复名数之间在改写过程中，需要注意什么？	（1）能沟通单位改写前后都表示 2.26 米。 （2）能说明 2.26 米 = 226 厘米什么变了、什么没变的道理	学习单、"大问题"引领、自主质疑
6	用"四舍五入法"求小数的近似数，体会区间思想，感受改写背后和计数单位的密切联系	（1）为什么要"四舍五入"求近似数？有价值吗？ （2）结合你调查的信息，说一说你改写的经验。学习改写有什么用？	（1）体会生活中很多时候，可以用"近似的思想"考虑问题。 （2）数的改写过程中，个数变小了，计数单位就变大了，总数不变	学习单、单元任务单

课后点评

1. 学生课后访谈纪实[1]

看着已经下课了，脸上依旧洋溢着兴奋之情的孩子们，我只问了一个问题："同学们，一节课很快就过去了，现在的小数在你们心中又是什么样子呢？与刚开始的时候的认识有变化吗？"我没想到的是，仅仅经历了 40 分钟，孩子们对小数的认识就有了如此大的变化。

我们先再现一下即将上课时的情景。吴正宪老师提了一个这样的问题："你们见过小数吗？小数在你心中长什么样？"

生 1：小数得有 0，还得有个点儿。

生 2：小数是不整齐的数，比如 0.3 就是不整齐的小数。

生 3：小数很小，小数是比 1 小的数。

生 4：钱就是小数，0.5 元就是 5 角钱。

但是课后访谈却全然变了模样——

生 1：小数就是在一个数和另一个数之间"诞生"出来的。（听到"诞生"这个词，听课的老师都笑了，这是课上孩子们自己总结的一个词。他们认为小数可以一直不停地分、分、分。只要不断地分下去，就可以"长"出许多新的小数。[2]）

生 2：我认为小数想变就变，它可以长、长、长……，也可以缩、缩、缩……。小数可以很小很小，小数也可以很大很大。（是啊，孩子们肯定还记得课堂里吴老师把"1"放在数线上，让"1""10 倍 10 倍地增长、又 10 倍 10 倍地"缩小"的情景。在孩子们的心中，小数

---

① 本部分作者为北京市昌平区昌盛园小学崔静。

② 关于课堂具体教学情况详见本案例后附件内容。

可以在一条直线上自由地生长。）

生3：（有所悟地）老师，我觉得小数不仅可以在数中有，在生活中也可以有。比如0.5元，就是把1元平均分成10份，其中的5份就是十分之五，就是0.5元。（我记得这个学生，她就是一开始要上课的时候说"钱就是小数，0.5元就是5角钱"的那位学生，显然她对小数的认识开始从形式走向本质。）

就在我的访谈快要结束的时候，又跑上来一个孩子在黑板上写了一个"0.∞"，然后指着"0.∞"对大家说："这是我心中的小数，小数有许多许多个。"很多孩子们愣了，包括在场的老师，大多数没有读懂孩子的意思。吴老师当时就问了一句："你知道让'8'平躺下来是什么意思吗？"这个孩子的表情显得特别自豪："这是无限大！"教室里顿时响起了一片掌声。这个孩子的发言又触动了其他孩子，课堂上又演绎出了一个意外的高潮。

生4：我知道了小数和以前学的数一样，都是十进制的。

生5：数字都一样，但是表示的大小可不一样。

生6：哎，原来小数有许多解不开的谜呀。

生7：不对不对，今天我们已经解开了。

生8：不过后面可能还会遇到新的谜呢。

…………

此时我们不仅被吴老师的教育智慧折服，也为孩子们深刻的领悟感到惊喜。孩子们不知不觉地向小数的深处走去，"位值""计数单位""十进制""细化单位"这些有关数的核心概念自然浸润，这就是读懂数本质的金钥匙。在孩子们眼里，小数已是一个随便在两个数之间就可以"诞生"出新的小数的神奇的符号，它们是规则的，又是灵动的、有生命的，是可以无限生长的。

英国剧作家萧伯纳曾经说过：你有一个苹果，我有一个苹果，我们交换一下，一人还是一个苹果；你有一个思想，我有一个思想，我们交换一下，一人就有两个思想。吴老师就用一个"小数在你心中长什么样"的核心问题，引领孩子们在情境中衍生出一个又一个新的问题。每个孩子经历了学习的过程，小数的本质跃然纸上，数的本质呈现于眼前，数形结合的思想扎根在学生的头脑中……。一切都是那么顺其自然，那么水到渠成。

下课了，只见一个小男孩跑到吴老师的身边，用一只手笨拙地在吴老师后背捶着。当时吴老师还没反应过来。后来，尽管小男孩吐字不是很清晰，吴老师也听懂了他说的"平时给妈妈捶背，今天给老师捶背"。吴老师拥抱了他并说"谢谢你"，那个孩子流下了眼泪。吴老师问："你怎么哭了？"他哽咽着说了两个字："喜欢。"旁边有位小姑娘快言快语："他被您感动了。"原来这是个手臂残疾的孩子，他用自己特殊的方式表达着对吴老师的喜爱之情，整个现场的老师们被这瞬间的真情感动了，很多人也泪光闪闪……

不光孩子们喜欢，老师们又何尝不是这样呢？课后很多老师把吴老师围得水泄不通——拍照、请教、签名、交流。吴老师不忍心拒绝任何一个老师，她在用自己的努力传递教育的情怀，传递满满的正能量，传递对儿童的真爱、对儿童数学教育的真爱。她深知老师们都有一颗热爱儿童的心，他们渴望进步成长，而吴老师正是用这样的团队研修模式引领更多的年轻老师走进课堂，走近儿童，体验职业生命的幸福与价值。

现在终于明白吴老师的课堂上孩子们为什么不愿意下课，听课老师们为什么不愿意离去。正如孙晓天教授所说："吴老师身上有着一个与众不同的似乎是与生俱来的特征，她懂每一个儿童，她爱每一个儿童，她总是努力让自己静下心来倾听每一个儿童，尊重每一个儿童，使自己总能沉浸在孩子们灿烂的光环中。"

是啊，如果细细体会吴老师的课堂，没有高谈阔论的激情演说，没有专业得不能再专业的课件演示，有的只是她和孩子心与心的娓娓道来。她特别轻松地就走进了儿童的世界，自始至终都流露着真诚与朴实。她用数学知识本身的魅力、用自己人格的魅力，吸引孩子们走进数学的世界。她的心中充满了爱——爱儿童、爱数学，儿童与数学互相交融到一起，才会有孩子们久久不愿离开的课堂。

吴老师和孩子们的课堂是幸福的，幸福在课堂的深处延续……

2. 其他教师听课感受①

听完吴正宪老师教学的"小数的意义"一课后，至今回味起来还意犹未尽。课堂中师生发自内心的笑声、问题挑战时儿童沉思时的安静、挑战成功后孩子们涨红的小脸……，都让我们感受到这才是数学学习的魅力，才是儿童喜欢的数学课堂。

（1）从数学和生活两个维度，感受学习小数的价值。

"小数的意义"的学习在数概念建立中至关重要。从自然数到分数再到小数，数系的每一次扩充都是学生认识的一次飞跃。我们以前学习了1、2、3、4、5、6等自然数，为什么还要学习小数呢？那就是在测量或平均分的时候往往得不到整数的结果，便产生了分数；而小数是十进分数，小数和自然数一样，都有着相同的认数结构，都体现了十进位值。

在生活中，小数有着广泛的应用，为了精确表示生活中具体的数量，需要在1和2之间继续均分，这便得到了一位小数。这是学生学习的基础。那么两位小数是怎样产生的呢？也就是在0.1和0.2之间再细分下去。课堂上吴老师让学生观察方格纸——把一张正方形纸平均分成10份，取了6份多一点点，该用什么数表示呢？新知识的学习来源于需求，知识的生命价值呼之欲出，也是从问题出发，用问题引领儿童的数学学习，激发儿童的数学思考。他们开始自觉地在0.6与0.7之间探寻新小数出现的可能，发现只要将单位不断地细化下去，就会不断地产生新小数，乃至无穷无尽。

课尾从生活的角度，以刘翔110米栏比赛成绩为例，说明有了小数后能更精确地表示比赛情况，结果更公平。吴老师选择的情境，让

---

① 本部分作者为张秋爽、武维民。

儿童充分感受到学习小数的价值——为了精确地表达，并把它刻在了儿童的心里。

（2）理解小数的真意义是细分单位。

在小学阶段，学生要结合生活情境，认识自然数、小数、分数、负数等数概念。认数的维度有两个层面：一个是数的组成，另一个是结合生活情境认识数，感受数概念。数是由计数单位和个数累加而形成的，如 1234 是由 1 个千、2 个百、3 个十和 4 个一组成的，也可以记作 $1234 = 1×1000+2×100+3×10+4×1$。认数时计数单位非常重要，个数也不容忽视。

我们认为儿童学习数概念离不开计数单位、数位、进率和位置等核心概念的支撑。的确如此，数概念的学习，离不开计数单位，也就是在课堂上出现的"大 1""小 1""小小 1"。实际上自然数是以"1"为单位，不断复制、累加得到的；分数就是把"1"均分成若干份，表示其中的一份或几份得到的，其中把"1"均分成 10 份、100 份、1000份……后，表示其中的一份或几份的数是特殊的分数，也就是一位小数、两位小数、三位小数等。课堂上儿童所说的"小 1 啊小 1，你可以在这边长长长、长长长；小 1 啊小 1，我们还可以把你分分分、分分分……"，就是在用自己喜欢的方式诠释对自然数、分数和小数之间内在联系的理解，尤其是对计数单位"1"的认识——个数的不断累加就是自然数，把"1"继续均分、细分单位的结果就是小数。

小数的产生源于单位的细分，这在"小数的意义"学习时有所涉及，后续的"小数除法"中还会应用，让学生体会小数意义的本质。如"97÷4 商 24 余 1"，余下的 1 除以 4 不够分，要把 1 细分成 10 个0.1 后再去分；10÷4 商 2 余 2，余下的 2 是 2 个 0.1，又不够分了，又要把 0.2 细分成 20 个 0.01 后再去分；20÷4 商 5，5 是 5 个 0.01。看来数概念和数计算有密切关系，正确理解小数的意义，特别是理解小数单位的意义，对于学生以后学习计算十分重要。揭示"数"的本质，让学生对"数"的理解更有深度，"数"这棵大树才能根深叶茂、纵横连通。

（3）促进学生对小数意义理解的策略。

如何巧妙地引导学生理解小数的意义，对于教师来说是一个富有挑战性的问题。吴正宪老师在本节课的教学中，抓住概念的本质，引导学生进行活动和思维体验，不仅借助学生经验和直观模型帮助学生理解小数的意义，而且通过数学活动帮助学生学会数学的思维，从而学会数学的思考。

①从经验入手，激活已有认知。

课堂即将开始，吴老师就从调动儿童已有的学习经验入手，给了他们自由的学习空间。但学生对小数的认识停留在表面，他们并没有感受到十分之几就是一位小数，对小数本质认识不足。

面对学生的现状，如何激活学生的经验？吴老师用生活中的例子，如用"人民币"和"米尺"解释对一位小数的认识：一位小数是把"1"平均分成 10 份，取其中的一份就是 0.1，2 份就是 0.2，3 份就是 0.3……。一位小数是在以"1"为标准细化单位后得到的，既把握了儿童的认知起点，又为新知的学习蓄力。

②利用模型，体现数概念的本质和知识间的内在联系。

小数的本质意义就是在课堂贯穿始终的大"1"、中"1"、小"1"、小小"1"……。这就是让学生体会小数是以"1"为标准，继续细分单位的过程。在本节课的学习中，吴老师引导学生们经历了不同层次的思维水平，来体会小数的意义，在沟通小数、分数、整数的关系中培养思维的逻辑性。第一层次是小数与生活的联系，即联系生活中的人民币、长度单位等理解小数的思维水平，也就是借助生活原型理解十进关系。这一水平依托学生已有的生活经验和学习经验。第二层次是借助竖线、图形等直观模型理解小数的思维水平，通过各种图形的操作、观察，帮助学生理解小数的意义。在这个过程中，吴老师不仅引导学生观察、操作，还引导学生联想和想象，在接着想下去的过程中，学生对小数意义的认识更加深刻。第三层次是在前两个层次的基础上，紧紧抓住分数和小数之间的内在联系，使新知识不新、旧知识不旧。这种思维水平建立在前两种思维水平的基础之上，并通过抽象、概括等一系列思维活动来达成。一位小数的"重要人物"就是 0.1，十分之几就是一位小数；两位小数的"重要人物"就是 0.01，百分之几就是两位小数……。用形象化的语言"重要人物"帮助学生理解计数单位的重要性，从而建立了分数与小数的对应的关系，沟通分数与小数的联系。（见下图）

贯穿课堂始终的大"1"、中"1"、小"1"、小小"1"，让学生感受到这些都是计数单位，相邻的两个计数单位之间的进率是 10。即 10 个 0.01 是 0.1，10 个 0.1 是 1，10 个 1 是 10……。"十进位值"这个核心概念深深地印在学生的心里，帮助学生建构起属于自己的知识体系和网络。小数与整数的知识链也浑然一体、前后沟通，形成有联系的知识群。这样的学习不仅让学生在学习中有实在的获得感，而且使不同思维层次的学生有了选择，激发了学生深层次学习的兴趣。多元表征的呈现让儿童对小数的意义有了更全面的理解，从而实现了知识的迁移。小数有时是看出来的，有时是需要想象的，十万分之一、一百万分之一、一千万分之一……的无限思想渗透其中。

③在解决问题中理解小数的意义。

下课的铃声就要响起，吴老师巧妙地抛出了一个思考题："五分之二能变成小数吗？"本想留下思考题给有兴趣的孩子课后讨论，没想到当时就引起了大家的热烈讨论。在前面的教学中，学生已经确认小数是对分母是 10、100、1000……的分数的又一种表现形式；吴老师的这个问题却引发了新的认知冲突，又一次打破了孩子们的思维定式，让思维慢慢铺开。"我觉得五分之二不可能变成小数，它的分母不是 10、

100、1000……"，"不，我觉得五分之二是 0.4。"，"0.4 不就是十分之四吗？这里没有十分之四啊！"孩子们在进一步的交流、分享中豁然开朗："原来十分之四就藏在五分之二里面啊！"在这里，学生又一次感受到细分单位的过程。正是吴老师的"别有用心"，才有了学生在课堂中思维的碰撞和思考的灵动。

课后访谈中，儿童的感悟让我们激动不已，他们的认识已和开始上课时形成巨大的反差。儿童的这些感悟纠正了他们原有的认知偏差，经验对接、模型支撑、问题解决让学习真正发生。

当我们感叹灵动的思维在吴老师的课堂自然流淌的时候，我们不得不赞叹吴老师一个又一个认知冲突的创设，让学生在质疑中建构，在矛盾中选择，在沟通中生成。让我们难忘和感动的是课堂中师生温暖的交流和真情的互动，智慧的启迪一定蕴含在安全和谐的氛围中。而数学的思维又浸润着学生们对数学的热爱，这种热爱是持久而深刻的。

④想尝试的新想法。

今后，可以尝试以数概念为主题，对"整数的认识""小数的意义""分数的意义"以及"负数的认识"上一系列的数概念建立的课，这样学生能够从多维度、多层面认识数，让数概念的学习更加丰富。

◉ 附件

深度学习（课时）教学实录片段

	第 1 课时　小数的意义
学习目标	1. 在初步认识分数和小数的基础上，利用多种模型感受小数，理解小数的意义。 2. 了解小数产生的价值，体会计数单位的重要性，认识小数的计数单位及相邻单位之间的十进关系。 3. 经历数概念的形成过程，增强主动发现、提出问题和解决问题的意识与能力，鼓励学生交流、质疑。

续表

教学环节	学习活动	评价要点
环节一：小数在你心中长什么样？	在黑板上写出"小数"后随即问学生：在过去的学习中你们认识过小数，小数在你心中长什么样？你能表示出来吗？ 生1：小数得有0，还得有个点儿。 生2：小数是不整齐的数，比如0.3就是不整齐的小数。 生3：小数很小，小数是比1小的数。 生4：钱就是小数，0.5元就是5角。 师生讨论：0.5元是什么意思？5角与1元有关系吗？1角又该怎样表示？它是什么意思呢？ （老师把学生交流的结果及时记录在黑板上）	1. 了解学生对小数的认识程度，激活学生对小数的已有经验，确定本课学习起点。 2. 学生对小数的认识首先建立在直观形象的思维上，利用"元、角、分"的模型，表达出对小数的理解，了解分数与小数的对应关系，理解小数的意义
环节二：利用直观模型认识小数	1. 在面积模型中认识一位小数。 黑板上出示图形表示小数0.6、0.4、0.1： 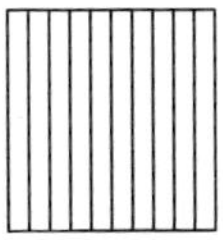 还有的学生在数线模型上找到了0.1、0.4、0.6、0.8……（见下图） 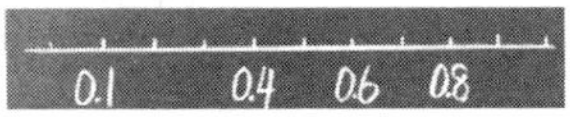 师：（小结）像0.1、0.4、0.6、0.8……叫作一位小数。这些小数能平起平坐吗？你认为哪个数最特殊、最重要？ 学生认为是0.1，给出了如下的理由。 生1：0.6、0.4等都是由0.1一个一个组成的。 生2：一位小数都是由0.1"诞生"的。 生3：0.6就是6个0.1，0.4就是4个0.1…… （0.1就是这些小数的计数单位，它真的很重要！	1. 利用面积模型与数线模型直观地帮助学生建立表象。 2. 感受到一位小数就是由"0.1"这个计数单位不断累加而成的。 3. 在建立0.6与0.1关系的过程中，渗透了计数单位的重要性

续表

教学环节	学习活动	评价要点
	老师立刻在图形中贴出黄色的长方形纸条代表 0.1，和学生一起数计数单位：1 个 0.1，2 个 0.1，3 个 0.1，4 个 0.1……）（见下图） 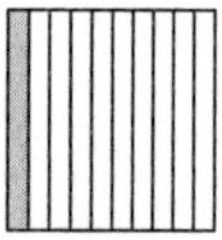 	
环节二：利用直观模型认识小数	2. 在认知冲突中，认识两位小数。 出示下图。 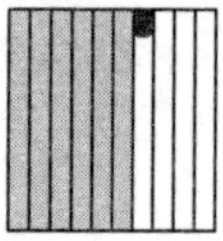 现在还能用 0.6 表示阴影部分吗？ 学生先独立想一想，再小组议一议。 生 1：我不知道怎么表示了。 生 2：我认为可以用 0.61 表示。 生 3：为什么是 0.61 呢？ 生 4：会不会变成 0.7 呢？ 师：（继续把问题抛给学生）是 0.7 吗？ 生 5：0.01…… 老师记录下学生的想法。 生 6：这个数会不会在 0.6 和 0.7 的正中间？不，在 0.6 和 0.7 之间吧。 师：（紧紧抓住学生表达的变化）由"正中间"改为"之间"，什么意思呢？ 生 6：如果是中间的话好像是 0.65。 师：（追问）你认为这个小数应离谁近一点？ 生 6：应该离 0.6 近一点，离 0.7 远一点。 师：（并没有就此放手，顺势说道）谁能表示一下这个数可能在 0.6 和 0.7 之间什么位置上？	1. 用阴影部分表示的数在 0.6 和 0.7 之间，培养学生的数感。 2. 不能用一位小数表示，要想办法创造两位小数

续表

教学环节	学习活动	评价要点
	生7：这个数应该是在 0.6 与 0.7 之间，更往左边一点。（该生把小圆片贴在了相应的位置上。见右图） 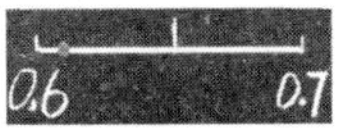 生8：我觉得，应该把 0.6 到 0.7 平均分成 10 份，贴在 1 份的位置上。 师：（肯定地说道）你做的事情真有意义。（顺着学生的想法，把 0.6 到 0.7 之间平均分成了 10 份，见右图） 	
环节二：利用直观模型认识小数	3. 在"继续分"中直观认识 0.01。 师：你们刚才说到的 0.01 是什么意思啊？在图里面我怎么找不到百分之一即 0.01 呀？ 学生们纷纷到黑板前表达自己的想法。 生1：把其中的一个 0.1（一长条）分成 10 等份。 师：（及时追问全体学生）你们知道要把这个图形分成多少份吗？ 生：平均分成 100 份。 生2：（将整个图形分成了 100 份）一小格占整个图形的 $\frac{1}{100}$，也就是 0.01。 师：现在的阴影部分有多少个 0.01？ 生：有 61 个 0.01，也就是 $\frac{61}{100}$。 	1. 不能用一位小数表示图中阴影部分的面积，需要两位小数。 2. 在不断精细化单位的过程中，学生会产生"继续分"的需要，因需要产生了新的计数单位——0.01
	4. 在区分不同的"6"中理解位值。 师：又涂了一个格后是多少？ 生：0.62、0.63…… 师：又涂了一个格…… 生：0.66。 师：（停了下来，继续追问）0.66 表示什么？ 生：0.66 就是 $\frac{66}{100}$。	1. 抓住分数和小数之间的内在联系，帮助学生理解小数的意义。 2. 学生对小数的理解分为几个层次，从直观模型的理解，到借助模型的数学

续表

教学环节	学习活动	评价要点
环节二：利用直观模型认识小数	这时老师紧紧抓住这两个"6"作起文章。 师：（笑着说）6呀6呀，就像一对双胞胎，往这儿一站，一样吗？ 生1：一个代表6个十，一个代表6个一…… 老师不慌不忙地把该生带到了黑板前。 师：第一个"6"，在图形中表示的是哪部分？ 生1：（边指边说）第一个"6"表示是6条。  师：第二个"6"呢？ 生2：第二个"6"表示6个小方块。 生3：6条就是6个0.1，6个小方块就是6个0.01。 师：别看它们长得一样，但由于它们所在的位置不一样，表示的大小可就不一样。像这样的两位小数谁能再说一个？ 学生一一说出自己心中的两位小数：0.55、0.44、0.99…… 师：想象一下，0.99时的方格图是什么样子？ 生4：就差一个格就满了。 生5：一个小格是0.01。 生6：0.99和0.01合在一起就是1。 …………	表达，引导学生把口头语言转化成数学语言，完成了对小数理解从直观到抽象的过程
	5. 推理联想中产生0.001。 师：我们刚才把图形平均分成10份、分成100份，你还有想法吗？ 生1：可以分成1000份。 生2：每一份就是 $\frac{1}{1000}$。	1. 启发学生主动提出问题，让问题引领学生的数学思考，带领学生从直观模型图中认识一位小数、两位小数，并在

续表

教学环节	学习活动	评价要点
环节二：利用直观模型认识小数	师：写成小数就是……谁愿意到黑板前去写？（请一位学生到黑板前去写） $$\frac{1}{1000}=0.001$$ 师：再说一个这样的小数。0.008、0.618、0.999…… 师：如果是 0.999，你能说说吗？ 生 3：就差那么一点点就把整个图形涂满了颜色。 师：用数学语言表达，就差 0.001。	推理联想中认识三位小数。 2. 学生在经历不断细分单位的过程中进一步认识小数。本环节是让学生理解所有的小数都与计数单位息息相关。 3. 围绕着小数计数单位展开话题，学生不断找计数单位、数计数单位，加深对计数单位的认识
环节三：建立计数单位与小数、计数单位之间的联系	1. 建立计数单位。 师：（指着黑板上的 0.6、0.4 说）回头看这些都是一位小数。0.6 里面有几个 0.1？ 生 1：0.6 里面有 6 个 0.1。（老师顺势用箭头进行了标记） 生 2：0.4 里面有 4 个 0.1。 生 3：它们都和 0.1 有关系。 生 4：这些小数都是由 0.1 组成的。 师：0.1 很重要。这些小数都与 0.1 有关系。学生以此类推…… 生 5：0.61 里面有 61 个 0.01。 生 6：0.66 里面有 66 个 0.01。 生 7：0.008 里面有 8 个 0.001……（见下图） 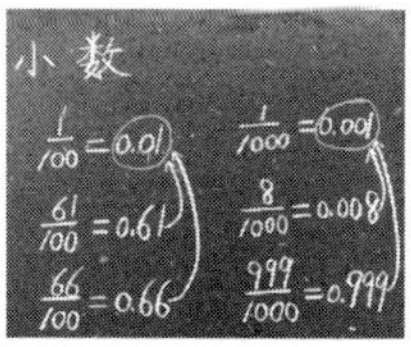 	1. 结合前面展示的面积模型的过程，直观感受到计数单位不断产生的过程以及相邻的两个计数单位之间的十进关系。 2. 从小的计数单位逐渐累加到大的计数单位的过程，从数的分解和组成两个角度感受计数单位之间的进率

续表

教学环节	学习活动	评价要点
	师：虽然它们都是小数，但其中的 0.1、0.01、0.001……是这群小数中的"重要人物"，它们对于认识小数格外重要。	
环节三：建立计数单位与小数、计数单位之间的联系	2. 理解计数单位之间的进率。 出示正方体模型。（见右图） 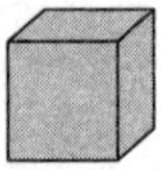 师：可以用什么数来表示。 生1：可以用1来表示。 师：继续平均分成10份，每一份是0.1。（见右图）你们能想象着继续分吗？ 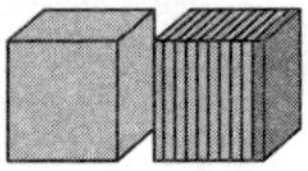 生2：把1个正方体木块继续分，平均分成100份，每一份是0.01。 生3：把1个正方体木块再继续分，平均分成1000份，每一份是0.001。 师：还能继续分吗？ 师：我们回头看一看，发现了什么？（见下图） 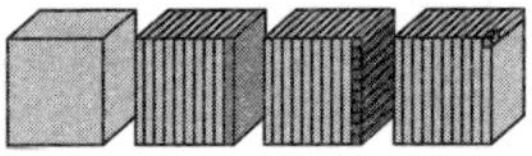 1　$\frac{1}{10}$　$\frac{1}{100}$　$\frac{1}{1000}$ 　　0.1　0.01　0.001 生：10个0.001就是0.01；10个0.01就是0.1；10个0.1就是1。 师：一个大正方形是1，一个长条是1，一个小方格是1，没错，它们都是自己的那个1。 师：它们独立存在的时候，可以说是"小1""中1""大1"。当它们一旦在集体中的时候，就与集体有了关系。这个"小1"在"中1"的集体中，是10份中的1份，可以记作0.1；同样这个"小1"在"大1"的集体中，是100份中的1份，可以记作0.01；以此类推。	1. 借助直观模型，再一次让学生感受到计数单位有大有小，但这些计数单位之间是有联系的。数形结合，让学生形象地理解计数单位之间的关系。 2. 借助不同大小的"1"，渗透了位值以及计数单位之间的进率

教学环节	学习活动	评价要点
环节三：建立计数单位与小数、计数单位之间的联系	3. 建立小数与整数的联系。 老师在黑板上板书：1。 师：把"1"扩大10倍是多少？扩大100倍呢？扩大1000倍呢？ 生：10，100，1000，10000，100000…… 师：就是这个1，它可以长10倍，再长10倍……（边随着学生说，边画出它们之间的关系，见下图）  ……10000 1000 100 10 1 师：正如《三字经》里说的…… 生：一而十，十而百，百而千，千而万…… 师：这些数还能继续10倍、10倍地再长吗？ 生1：能，这些数无限大。 师：还回头看，"1"只能长吗？ 生："1"还能缩小呢。 生2："缩小"10倍是0.1。 生3：0.01，0.001…… 师：你们的意思是，它们既可以10倍、10倍地长，也可以10倍、10倍地"缩"？（见下图）  ……10000 1000 100 10 1 0.1 0.01 0.001 0.0001…… 生4：要缩多少就能缩多少，要缩就缩，要长就长。 生5：可以无限地长，想长多大就长多大，是无穷的。 生6：也可以无限地缩，想缩多小就缩多小，是没有尽头的。	1. 通过伸展的动作，让学生在想象中理解数的无限大与无限小；用形象的方式表示对数的理解。 2. 经历计数单位个数的累加和继续均分的过程，从而体会十进位值。 3. 借助直观模型，帮助儿童多维度地认识小数、理解小数，感受到小数的意义，特别是对计数单位的核心要素的理解更加深刻
环节四：感受小数的价值——精准表达	师：还有问题吗？ 生1：小数，到底有什么用？ 师：（顺势叫来两个小孩）你们有多高？ 生2：我的身高是1米4多。	1. 小数的产生是生产、生活的需要，而小数的产生就是计数单位细化的过

续表

教学环节	学习活动	评价要点
环节四：感受小数的价值——精准表达	生3：我的身高也是1米4多。 师：到底是一米四几呢？怎么能知道？ 生3：把1米长的线段平均分成10份，一份是0.1米，再把0.1米平均分成10份，1份就是0.01米，这样就能知道一米四几了。 生4：看来小数能让身高的测量变得更精准。 紧接着，老师出示了这样的例子。（见下图） 2004年9月23日国际田联横滨全明星赛上，刘翔以0.1秒的优势战胜了老对手约翰逊（刘翔13秒31，约翰逊13秒41）。 生5：刘翔的成绩和约翰逊的成绩都是13秒多，分不出胜负，到底是13秒多多少呢？ 师：是呀，我们也有这样的疑问。接着看，看完后你有什么感受？ 生6：都是13秒多，比不出冠、亚军，需要继续把1秒钟细分，也就是继续分。继续分，越分越小就会越精准，比赛时就会越公平。 师：有时候，需要更精准一些，就是把原来的计数单位细化，细化是为了更加精准地表达。有时候只说一个大概是不成的，聪明的人们就把计数单位继续分、分、分。	程。这个环节由"1"开始，在不断扩大与缩小中，让学生感受到整数的计数单位与小数的计数单位有着密不可分的关系。 2. 学生在计数单位不断缩小（划分）的过程中，体会到小数的价值——能够精确地表达。 3. 对小数的探索并没有结束，而是在学习的基础上又产生了新的问题。正所谓：一切过往，皆为序章。一节课的结束，正是下一节课探索的开始

板 书 设 计

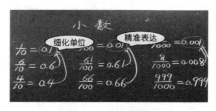

作 业 设 计 （略）

案 例 二

剩之愈小，割之弥细——"小数除法"单元学习主题教学

教材版本：北京师范大学出版社 2014 年版

授课年级：五年级

单元总课时：9 课时

设计者、执教者①：石秀荣 侯乐霞 刘大鹏

◉ **单元学习主题**

1. 主题名称

剩之愈小，割之弥细——"小数除法"单元学习主题教学。

2. 主题解读

小数除法是小学数学的常规教学内容，是小学数学的核心内容之一；从数的扩充角度看，小数既吸收了自然数十进制的优势，同时也兼具了分数等分的思想，因此它可以被看作一类特殊的分数，也可以被看作自然数的继续细分与扩展；小数除法的算理与加法和减法有相似之处，都是对计数单位的累加、减少或细分。但在计算乘除法时，都有一个计数单位再确定的过程，因此乘除法较之加减法更难，学生学习时也表现出更大的差异。研究"小数除法"单元对自然数、小数等数的运算有很好的迁移与借鉴作用。

我们从运算对象、运算意义、算理与算法、计算应用四个维度对运算能力进行了梳理。运算对象——数，或源于生活，或人为定义；运算意义——数与数之间定义的某种关系，即运算；算理与算法——一切运算都是有道理的，这种道理有时源自生活，有时则来自数学内部的相容；计算应用——运算，最终要回归生活，解决问题是目的。（见下页表）

---

① 工作单位为中国人民大学附属小学。

运算能力

运算对象			运算意义			算理与算法		计算应用
数	产生	计数单位	度量	定义	集合角度	生活原型	直观模型	计数单位	问题解决能力
自然数	人们对周围事物数量多少和位置顺序的刻画本质是一一对应的	1	对生活中离散量的度量	加	自然数加法：对于自然数 a、b，如果在自然数列 $\{0, 1, 2, 3, \cdots, n\}$ 中，从 a 起依次数 b 个数，得数 c，则称 c 为自然数 a 和 b 的和，且和是唯一的。（随着数的扩充，还可逐次定义分数、小数、有理数……的加法）	互不相交的集合的并集	合并、移入、增加	实物模型、数线模型、面积模型……	数位累加或计数单位的加减或分细	1. 初步学会从数学角度发现和提出问题，综合运用数学知识解决简单的实际问题，增强应用意识，提高实践能力。 2. 获得分析问题和解决问题的一些基本方法，体验解决问题方法的多样性，发展创新意识。 3. 学会与他人合作交流。 4. 初步形成评价与反思的意识
小数	小数是十进制记数向相反方向延伸的结果，这种延伸源于生活中计	0.1, 0.01, ……	对生活中连续量的度量	减	作为加法的逆运算定义：已知两个数 a 与 b，要求一个数 c，能满足 $b+c=a$，那么 c 被称为 a 与 b 的差	对子集做差集	剩余、比较、减少			

续表

运算对象				运算意义			算理与算法		计算应用
数	产生	计数单位	度量	定义	集合角度	生活原型	直观模型	计数单位	问题解决能力
小数	量的需要，并非分数的附庸		乘	基于加法定义乘法：如果 b 是一个不小于2的整数，b 个相同的加数 a 的和是 c，那么 c 就叫作 a 与 b 的积	笛卡尔积	相等的数的和、面积计算、倍数（几分之几）、组合等			
分数	分实物的度量及除法运算的封闭性	$\dfrac{1}{2}$，$\dfrac{1}{3}$……	除	作为乘法的逆运算定义：若 $ab=c$（$b\neq0$），用积数 c 和因数 b 来求另一个因数 a 的运算就是除法	分拆成相等基数的子集	平均分配、比率			

自然数 $\xrightarrow[\text{减法}]{\text{添加负数和零}}$ 整数系 $\xrightarrow{\text{除法}}$ 有理数系 $\xrightarrow[\text{极限}]{\text{作柯西数列的等价类}}$ 实数系

$\xrightarrow[\text{代数方程}]{\text{添加虚数单位 i}}$ 复数系

运算律——数域扩充的需要，是定义新运算、数学内部逻辑相容的保障。

史宁中曾说："运算律是算理，算理是运算本质，算理与运算等价。"

　　从表格中可以看出，"算理与算法"是贯穿整个运算能力始终的。孙晓天教授在《如何理解和把握课标中的运算能力》的报告中也把运算能力概括为"理解算理、发现算法"。因此，我们在培养学生运算能力的核心素养时，聚焦运算的算理与算法，并以此为立足点，设计了"基于运算能力核心素养的数的运算"主题。主题框架图如下：

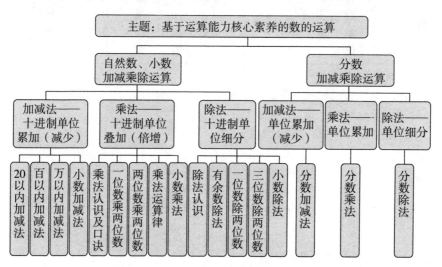

主题划分的依据是计数单位。自然数和小数的计数单位都是十进制的位值制，而分数单位不是十进制。不仅如此，基于学生对数学的认知与理解，现实生活中，数与量都是用自然数或是特殊的十进分数——有限小数表示的，小数与自然数在数表示上的"血缘"关系更亲近，从自然数运算到小数的运算，学生很容易理解并进行迁移。而分数与自然数的"血缘"关系是，分数是"整数之比"，小学则主要是"自然数与自然数之比"，数的表示上与自然数不同，需要重新建立分数单位。因此，我们以此为依据划分出了"自然数、小数加减乘除运算"和"分数加减乘除运算"两部分。"小数除法"这一单元主题的核心本质即"十进制单位的细分"。

◉ **单元学习目标**

1. 目标确定

（1）单元内容整体分析。

首先，横向梳理教材，把握来龙去脉。"小数除法"单元离不开小数概念和除法概念。从小数角度看，本单元的源头在小数的初步认识，进而到小数的意义，再到大小比较，最后进入运算阶段，即：小数加减法、小数乘法都是学习小数除法的重要基础，也体现了学生对小数概念认识上的不断丰富。从除法角度看，本单元立足于两大基石：除法意义——对运算意义的再认识；除法性质——对运算性质的再感悟。

其次，进行横向梳理，凸显核心本质。我们对比了北师大版、人教版、苏教版、浙教版这四个版本的教材，发现编写都大致包括以下四个环节：解决真实问题引入——借助实际量进行单位换算——抽象竖式算法——提炼算法。（见下图）

通过以上对四个版本教材的共性对比，我们有如下思考。

第一，从计量走向计数，以计量单位的转换支撑计数单位的转换。

史宁中教授认为：数量关系的本质是多少，数的关系的本质是大小，数是对数量的抽象。数量是现实生活中的事物量，看得见、摸得

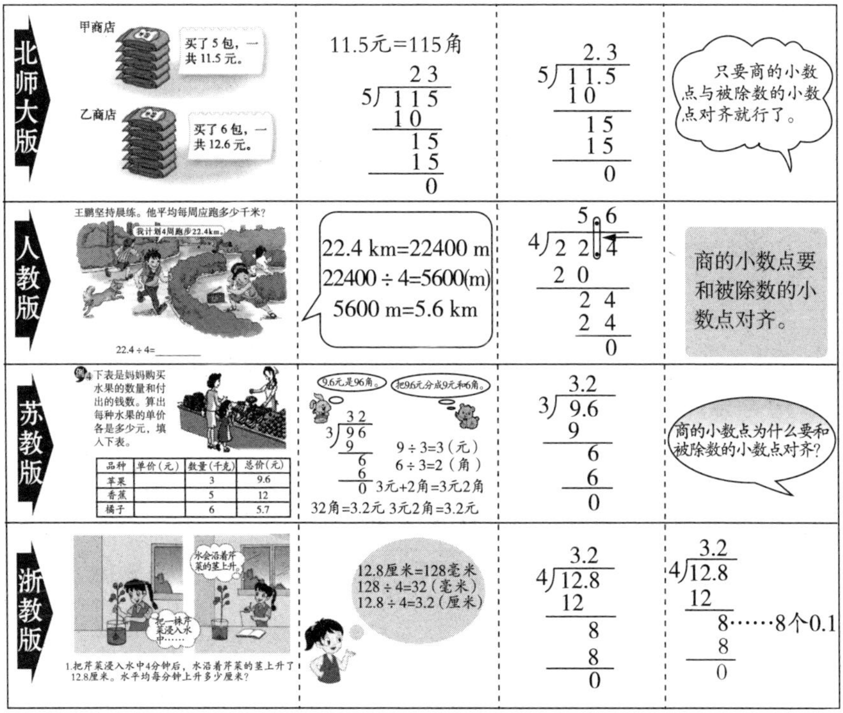

北师大版	国内长途 每分0.3元　国际长途 每分7.2元　通话费5.1元　通话费54元 ◐笑笑打电话的时间是多少分？说一说你是怎么想的。	5.1元=51角 0.3元=3角 51÷3=17(分)	5.1÷0.3 =(5.1×10)÷ (0.3×10) =51÷3 =17(分)	$0,3\overline{)5,1}$ 运算竖式	被除数和除数要扩大相同的倍数。
人教版	奶奶编"中国结"，编一个要用0.85m丝绳。这里有7.65 m丝绳。这些丝绳可以编几个"中国结"？	$0,85\overline{)7.65}$ 扩大到它的100倍 ➡ $0,85\overline{)7.65}$ 扩大到它的100倍	$0,85\overline{)7,65}$	可以把除数转化成整数，同时……
苏教版	妈妈买鸡蛋用去7.98元。买鸡蛋多少千克？ 每千克4.2元 7.98÷4.2=____（　）	可以把除数变成整数来计算吗？　把7.98和4.2都乘10，变成79.8÷4.2	$4,2\overline{)7,9.8}$	你能把这道题做完吗？
浙教版	一张芭蕉叶的面积是0.48平方米，一天蒸发水分36克。平均每平方米蒸发水分多少克？	×100 $0.48\overline{)36}$　$48\overline{)3600}$ ×100	$0,48\overline{)36,00}$ 竖式计算	利用商不变的性质，先把除数变成整数，再按除数是整数的方法计算。

着，而数却是抽象的存在。因此，用于衡量数量多少的计量单位也是具体的，如1元、1米等；而用于计数的计数单位却更加抽象，因为它隐藏在"位置"里面（位值制）。因此，四个版本教材都赋予小数除法一种现实背景，实际上就是赋予计数单位一个实物原型的支撑，如1元对应于1，那么1角对应于0.1。

第二，借助直观模型理解算理，以直观模型促进学生感悟位值思想。

四个版本教材在前面的小数教学中均伴有单位正方形、数线等直观模型。在新加坡的教材中，我们看到了位值板，而且他们从一年级对整数的学习就开始使用位值板并一直延续，可以说，位值板在数与计算教学中的使用成为该套教材的一大特色。在我国台湾地区教材（翰林出版）中，"意义—比较—加减法—乘法"的小数学习使用了百格板、千格块这样的体积模型，北师大版教材则使用的是单位正方形这样的面积模型。

（2）单元内容学情分析。

【主题一】除数是整数的小数除法

①学生基本情况：五年级两个班由同一名教师执教，学生学习水平相当。

②前测调研。

为了更好地发现学生的思维"节点"，对比直观模型的价值和有效性，我们设计了两道题目对两个平行班分别进行前测调研。（见下表）

前测调研题目及意图

	调研题目	调研意图
无现实背景 无直观模型	A班：11.5 除以 5 等于多少？请想办法解决，尽可能详细地记录下你的思考过程。(不提供模型学具)	①学生的思维会在哪里搁浅？②学生是否有主动寻求模型帮助的意识？他们会想到哪些模型？
有现实背景 有直观模型	B班：买 5 袋奶一共花了 11.5 元，每袋奶多少元？请利用学具研究，并尽可能详细地记录下你的思考过程。(提供模型学具)	①学生的思维又会在哪里搁浅？②直观模型的价值和有效性是什么？

在问卷调研过程中，每位教师负责观察 4~6 名学生在作答时的行为表现和思维表现，问卷完成后对学生进行追访。

③数据分析。

A. 学生的思维难点在哪里？

从"不知道"到"我会做"，学生在从整数除法向小数除法迈进的过程中，思维往往会在"可否继续分"和"小数点怎么办"这两个问题上搁浅。"可否继续分"其实就是数系扩充引发的关于"余数"的重新讨论，"小数点怎么办"其实就是小数的计数单位如何转换的问题。此二者比较，前者是基础，只有学生认可了"分"，才能进一步讨论怎么"点"。因此，学生的思维还是在对除法意义的再认识和对小数位值的再理解上搁浅了，教师在教学设计中要给予学生深度思考的机会。

B. "我会做"就一定"懂"吗？

先来看 A 班的统计图（见下面左图），经过进一步访谈后，A 班"我会做"的学生比例大幅下降，说明"会做"不代表"能懂"，学生的"会做"，尤其是竖式写法往往是出于对整数除法的迁移模仿。这一点在后续访谈中也得到了印证。

再看 B 班的统计图（见下面右图），"我会做"的学生比例也有所下降，但没有 A 班那么大的落差，说明学具的提供对于学生理解和解释算理是很有帮助的，但这不代表所有学生都能够利用学具独立探索出小数除法算理与算法的全部内涵，相当一部分的学生还是需要教师点拨和同伴启发的。

所以，此岸与彼岸之间，绝大多数学生既没有乖乖地等在此岸，也没有安全地着陆彼岸，他们中的大多数都滞留在"除法意义扩充"和"小数位值转换"这两座孤岛上。因此，实现学生的"会做"到"能懂"，少不了直观模型的支撑，少不了与教师和同伴深度的碰撞与交流。

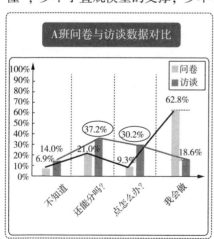
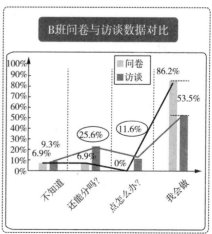

C. 学生真的思考过"还能分吗"?

基于此，我们继续深挖"还能分吗"这个问题。同样是平均分成5份，将被除数 11.5 换作 12 之后，我们得到了指向性不同的答案。对于 11.5 除以 5，把 10 平均分成 5 份之后，学生思考的是怎么把剩下的1.5 平均分。本身作为小数的 1.5 并没有让学生大范围地产生能不能分下去的疑问，更多的学生认同能够继续分下去，计算失败的原因是因为没有找到正确的数学表达。而 12 除以 5 带给学生思维上的挑战远远大于之前的，认为剩下的整数 2 不能再分的学生百分比达到 32.5%，几乎是之前的 3 倍。从问卷中"还能分吗"的数据分析可以看出，学生的表达反映了其思维上的停滞。看来脱离了 11.5 的顺势思维，对两个整数相除学生并没有继续分的需求，那是不是说 11.5 的".5"掩盖了学生细分单位的过程呢？教师在教学设计中要体现这个环节，引发学生的深度思考。（见下表）

关于问卷中"还能分吗"的数据分析

这个算式还能往下继续除吗？如果不能，请说明为什么；如果能，请说出你的想法并把算式继续写完	$\begin{array}{r}2\\5{\overline{\smash{\big)}\,11.5}}\\\underline{10}\\1.5\end{array}$			$\begin{array}{r}2\\5{\overline{\smash{\big)}\,12}}\\\underline{10}\\2\end{array}$		
能	正确	错误	元角分模型	面积模型		竖式
	57.5%	30.0%	7.5%	32.5%		27.5%
不能	12.5%			32.5%		

【主题二】除数是小数的小数除法

①调研对象：四年级某班学生 33 人。

②问卷设计。（见下页表）

问卷调研题目及意图

调研题目	调研意图
题目1：文具店里的铅笔每支0.8元，笑笑有9.6元，最多可以买几支？	小数点的复杂程度有所提升，考查学生的正确率的变化
题目2：你会算8.54除以0.4等于多少吗？	
题目3：5.6除以0.4等于多少，你有什么办法知道？请尽可能详细地记录下你的思考过程（可以写一写、画一画）	考查学生有哪些算法；考查学生的思维路径

③数据分析。（见下表）

三、四年级学生可能的思维路径对比

对错	正确				错误
三年级	88%				12%
四年级	67%				33%
思维路径	元化成角	连加、连减	数字拆分	欠完美竖式	不会或不对
三年级	71%	9%	5%	3%	12%
思维路径	画图	商不变性质	数字拆分	无过程体现	商的"."不对
四年级	9%	30%	6%	22%	33%
四年级作品举例				/	

　　我们将调研中的题目1让三年级学生解决，正确率居然达到88%——比四年级学生还高出21个百分点。目前三年级的已有基础是：

学过除法意义、除数是一位数的整数除法、小数的初步认识。我们看到有80%的孩子正是借助除法意义和元角的单位转换解决问题的。而到了四年级，学生从依赖于"运算意义"发展到依赖于"运算性质"。在模型方面，同样从具体可操作的"元角分"发展到直观的"画图"。从形象思维逐步走向抽象思维，这说明学生的思维水平在进步，但降低的21个百分点则表明：学生在思维发展过程中，仅仅依附于抽象的商不变性质是不可以的，他们依然需要具体直观的模型学具帮助理解算理、形成算法。

从四年级的数据来看，63%的学生用的是商不变的性质，其中有30%的学生得到正确结果，33%的学生在商的"."位置上出错。出错的原因主要有两种：一种是受到除数是整数的小数除法竖式干扰，理所当然地认为商的小数点应与被除数小数点对齐；另一种是将商不变的性质与乘法和加减法的情况混淆。在小数加减法中，我们跟学生从计数单位上讨论算理，认为在小数乘除法中也必须回到计数单位上来解释算理。因为一切计算的问题都是计数单位和计数单位个数的问题，整数如此，小数如此，后面的分数依然如此。

（3）学习内容本质分析。

通过以上的学习内容与学习者分析，我们对小数除法的核心本质有了如下思考。

①从运算对象——小数意义的角度看：小数既是特殊的十进分数，同时在数的表示上又与自然数相同。

②从运算意义——除法意义的角度看：将除数是整数的小数除法理解为平均分更合理，除数是小数的小数除法则可以让学生更清楚地理解包含除法。

③从算理与算法——运算律的角度看：商不变的性质作为转化的保障，其本质就是计数单位的同步转换。

因此，可以从除数是整数的小数除法入手，按平均分去理解小数
除法，用计数单位细分的方式帮助学生理解算理。

2. 学习目标

（1）理解小数除法的意义，掌握小数除法的计算方法。

（2）经历小数除法算理的探究过程，体会多样化的学习策略。

（3）在具体情境中，运用小数的意义理解小数除法的算理。

（4）引起自主探究的兴趣，激发学生自主学习的热情。

⊙ **单元学习活动**

1. 单元学习规划思路

本单元共划分成以下三个分主题：分主题一——除数是整数的小
数除法；分主题二——除数是小数的小数除法；分主题三——用小数
除法解决实际问题。单元整体设计框架具体如下。

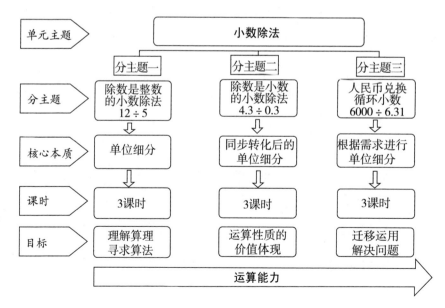

2. 单元学习规划

单元学习规划设计

课时	学习目标	学习内容	学习活动	学习资源
第1~3课时	1. 在具体的情境中研究小数除法,沟通元角分、面积模型与计数单位间的联系,经历单位细分的过程,感悟小数除法的意义。2. 借助直观模型,探索小数除法算理,分享计算的多样化策略,发展学生的运算能力。3. 创设操作、思考、交流的空间,激发学生自主研究问题的热情	第1课时:12÷5(原2课时:第1课时11.5÷5;第2课时除数是整数,需要补0)。第2课时:商中间补0的小数除法。第3课时:练习课	通过解决"5袋牛奶12元,1袋牛奶多少元?"的实际问题,产生平均分的需求,着重思考剩下的2元应该怎么分的问题,在理解小数除法算理的基础上,寻求除数是整数的小数除法的计算方法	1. 提供现实背景:以计量单位的转化支撑平均分的过程。2. 提供直观模型:化无形为有形,化不可见为可见。从作为生活原型的人民币,到作为直观模型的正方形,再到高度抽象的除法竖式,这个过程体现了学生思维从直观逐步走向抽象的过程,符合儿童的认知特点
第4~6课时	1. 在具体情境中进一步体会小数除法的意义,在现实背景下,让学生对结果进行合理的估算和推断,培养数感。2. 借助直观模型的操作和记录活动,经历探索小数除以小数算理的过程,感悟转化背后的道理,并初步掌握竖式算法。3. 创设观察、操作、思考、交流的空间,激发学生自主研究问题的热情	第4课时:小数除以小数(算理:商不变的性质——单位同步转换);第5课时:练习课;第6课时:练习课	通过解决"谁打电话时间长"的实际问题,产生包含除的需求,着重思考包含多少个小数单位的问题,在进一步完善小数除法意义的基础上,寻求除数是小数的小数除法的计算方法	1. 提供现实背景:以计量单位的转化支撑平均分的过程。2. 提供直观模型:化无形为有形,化不可见为可见。从作为生活原型的人民币到作为直观模型的正方形,再到高度抽象的除法竖式,让学生经历整个过程,使学生思维从直观逐步走向抽象

续表

课时	学习目标	学习内容	学习活动	学习资源
第7~9课时	1. 通过人民币和其他币种的兑换，体会求积、商的近似值的必要性；初步认识循环小数。能用估算判断除法结果的合理性。 2. 能够按照要求求出积、商的近似数，感受数学与生活的密切联系，能运用小数除法的知识解决简单的实际问题，发展应用意识。 3. 创设思考、交流的空间，激发学生自主研究问题的热情	第7课时：人民币兑换（取近似值）； 第8课时：循环小数； 第9课时：小数四则混合运算解决问题	通过解决"人民币兑换"等实际问题，产生按照需要进行小数除法的需求，进一步加深对小数除法算理和算法的理解	1. 提供现实背景：以计量单位的转化支撑平均分的过程。 2. 学具：计算器

◉ **持续性评价**

针对不同课题的目标，确定评价的任务和方式如下。

持续性评价方案设计

序号	评价目标	评价任务	评价标准	评价方式
1	诊断学生对除数是整数的小数除法算理的理解水平	(1) 平均每个茶杯多少元？ (2) 平均每个卷笔刀多少元？ 	结合学生熟悉的情境，考查学生能否以计量单位的转换支撑计数单位的转换，即能否结合情境理解竖式中每一步的意思	课堂提问

续表

序号	评价目标	评价任务	评价标准	评价方式
2	诊断学生对除数是整数的小数除法的算理理解水平，探究寻求小数除法算法的水平	下面的除法竖式中的"40"表示（　　）。 A. 40个1 B. 40个0.1 C. 40个0.01 D. 40个0.001 　　　15 5）79 　　5 　　29 　　25 　　40←表示多少？	抽象到数学竖式的表达，在平均分的过程中，理解每分一次分的意义，理解小数的意义，进而理解除数是整数的小数除法的算理	课堂提问
3	诊断学生对小数除法算理的理解水平、算法的掌握程度和解决有关实际问题的能力水平	星星文具店　阳光文具店 买了2支，一共13.6元。　买了3支，一共19.5元。 （1）星星文具店的钢笔每支多少元？阳光文具店的钢笔每支多少元？说一说你是怎么算的。 （2）用竖式算一算，结合情境说一说竖式中每一步的意思。 （3）说一说，哪个文具店的钢笔便宜？每支钢笔便宜多少元？	结合具体情境，能正确、合理地进行竖式计算，理解竖式中每一步的道理，并能够解决有关实际问题	课后展示

◎ **教师反思**

我们在数学教学中，更多的是强调如何才能让学生学得明白。怎么才能学得明白？教师要从教材中看到学生看不到的东西。除了知识以外所渗透的更重要的东西是什么？那就是数学核心本质与要培育学生的核心素养。通过深度学习的研究发现，深度参与和思考主要要突出以下几点。

1. 明确小数除法的算理，发展学生的运算能力

小数除法的算理其实就是整数除法的算理，只不过随着物体分的过程中单位的变小，计算单位的个数在增加。二者从意义上原本是一回事。所以，小数除法的算理对于学生并不复杂。但是，不好理解的是，怎么能够让学生看到这样微小的单位分的过程而能够与前面的相关知识建立联系。

第 1 课时中计算到剩余的 2 元钱如何处理时，就是在引发冲突，强调"换"的环节。在这里要让学生充分体会到换的必要性，换单位主要是把单位换小，换小的同时单位的数量会变多，学生形象地认为这就相当于把刚才的 2 元钱撕开了。这就是单位的细分，打破了学生整数除法中的固有思维，此处也是和学生原来学习的有余数除法的一个最密切的衔接点。

2. 借助直观模型理解算理，以计量单位的转换支撑计数单位的转换

课堂中赋予小数除法一种现实背景，实际上就是赋予计数单位一个实物模型的支撑，如 1 元对应于 1，1 角对应于 0.1。这也给了学生一个"换"的基础。

小数除法的算理与整数除法的算理相同，由于学生在学习整数除法遇到个位不够分时是当成余数来处理的，现在却要认为这种余数还可以继续分，这对于学生来说就是一个认识的冲突和挑战。如何才能让学生打通整数除法和小数除法的算理？这就需要借助直观模型，通过分一分、摆一摆的过程来理解算理。之后学生的分、与竖式的沟通，更清晰地在学生的头脑中形成了除法竖式的表象。本节课直观模型的选取还注重了丰富性，有正方形的纸和人民币等。

3. 问题解决模式下，积累活动经验

作为突破整数计数单位参与运算的第一次尝试和探索，教师把学生推向生活实际问题，设计了以问题为载体、以学生自主参与为主的学习活动，可以说是尊重知识、尊重学生主体地位的做法。学生产生了真切的感悟，体验了数学的应用和便捷，积累了不可多得的活动经验，丰富和发展了逻辑思维。

课堂中也有些不够细致的地方，如在把竖式的每一步与分得过程沟通联系时，还可以再慢一些，让学生深刻体会到其二者的联系。运算能力的培养并非一朝一夕的，还需要教师明确目标，有意识地落实到每一节课的设计、每一个细微的教学环节当中去。

◉ **附件** 1

深度学习 （课时） 教学流程

第 1 课时		
学习目标	1. 在具体的情境中研究小数除法，沟通元角分、面积模型与计数单位间的联系，经历单位细分的过程，感悟小数除法的意义。 2. 借助直观模型，探索小数除法算理，分享计算的多样化策略，发展学生的运算能力。 3. 创设操作、思考、交流的空间，从而激发学生自主研究问题的热情	
教学环节	**学习活动**	**评价要点**
环节一	关键问题：商场促销，牛奶买 4 赠 1，每袋牛奶多少元？	学生能否根据实际问题，运用除法平均分的含义列出小数除法算式
环节二	关键问题：用自己喜欢的方法计算，说一说每一步的意思。 活动要求：在表格中用人民币模型分一分，边分边记录分的过程。 	学生能否借助"元角分"的实物原型，自主探究如何将剩下的 2 元继续细分的问题

续表

教学环节	学习活动	评价要点
环节三	关键问题：回顾刚才的过程，当剩下的几元钱不能直接分的时候，我们是如何解决的？	学生能否从刚才"元角分"的计量单位细分中，理解出小数乘法计数单位细分的算理

板书设计

小数除法——除数是整数

12÷5=　　把 12 元平均分成 5 份，每份多少元？

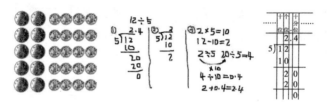

作业设计

此处略，详见本书第 102 页表中序号 3 对应的"评价任务"内容。

⊙ **附件 2**

深度学习（课时）教学流程

第 4 课时	
学习目标	1. 在具体情境中进一步体会小数除法的意义，在现实背景下，让学生对结果进行合理的估算和推断，培养数感。 2. 借助直观模型的操作和记录活动，经历探索小数除以小数算理的过程，感悟转化背后的道理，并初步掌握竖式算法。 3. 创设观察、操作、思考、交流的空间，激发学生自主研究问题的热情

教学环节	学习活动	评价要点
环节一	关键问题：谁打电话的时间长？ 淘气：4.2 元　0.3 元/分钟 笑笑：18 元　7.2 元/分钟	学生能否根据实际问题，运用除法包含除的含义列出小数除法算式

续表

教学环节	学习活动	评价要点
环节二	关键问题：4.2里包含几个0.3？ ①自选学具，用元角分模型或正方形模型表示出4.2。 ②分一分，找一找：4.2里包含几个0.3？ ③边分边用算式记录下分的过程	学生能否运用"元角分"实物原型或"正方形"直观模型，自主探究如何将4.2和0.3进行同步细分
环节三	关键问题：交流汇报 ①这么多不同的算式记录，你们究竟是怎么分的？ ②沟通分的动作与算式记录。 ③在记录过程中，遇到了什么问题或者困难吗？	学生能否将分的过程与竖式的记录联系起来，体会竖式的简洁性

板 书 设 计

小数除法——除数是小数

4.2÷0.3=　　　　　4.2元里包含了多少个0.3元？

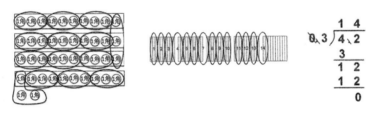

作 业 设 计

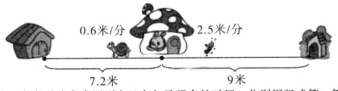

0.6米/分　　　　　2.5米/分

7.2米　　　　　　9米

　　乌龟、蚂蚁从小兔家回到自己家各需要多长时间？分别用竖式算一算，并说一说竖式中每一步的意思。

案例三

货币与我们

教材版本：北京师范大学出版社 2014 年版

授课年级：二年级

单元总课时：7 课时

设计者①：郝晓红　付建慧

执教者：郝晓红

◉ **单元学习主题**

1. 主题名称

货币与我们。

2. 主题解读

课标对货币单元内容的要求是："在现实情境中，认识元、角、分，并了解它们之间的关系。"所以本单元重点是元、角、分的认识，以及元、角、分之间的换算。

教材的呈现一般是以"购物"为活动背景，让学生在购物活动中认识人民币。但基本的线索是以对现行的人民币的认识为主。如北师大版教材二年级上册的第二单元"购物"，是学习了 100 以内的加减法与加减混合运算后的内容，共安排了三小节内容（建议 4 个课时），分别是买文具、买衣服和小小商店。相应的教师用书指出"购物"单元主要达成的两个目标是：认识人民币，能在实际情境中解决简单的购物问题。本单元试图在创设的情境中认识人民币，学会付钱、找钱、

---

① 工作单位为清华大学附属小学。

换钱，主要经历模拟购物的过程解决问题。

　　本单元涉及的核心素养可以聚焦到数感和应用意识。看似简单的一个小单元，在整个小学数学学习中却占有重要位置。首先它是"数与代数"领域基础知识的一部分，也是人们日常生活中必须掌握的生活技能，与学生的发展息息相关。其次，元、角、分的认识是后续学习小数与小数比较大小、加减运算的基本模型和重要载体。

　　人民币的认识是小学数学教学的重要内容。这一单元的学习与数的认识和单位的进率等数学内容相关，更与学生的生活实际和社会实际密切联系。所以，这部分内容如何设计更适合学生的学习与发展，是一个值得探索的话题。确定"货币与我们"作为单元学习主题，内容包括认识货币、购物交易、发展中的付款方式、设计乐学币四个环节，不同的教学内容有相应的活动方式，并指向学生不同的核心素养。（见下图）这样的单元主题既涵盖对这一内容知识的理解，也联系学生生活实际和货币产生与发展的过程，拓展学生学习的视野和认识数学的价值，同时让学生初步感受数学模型的产生与意义。

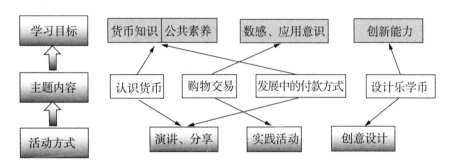

◉ 单元学习目标

1. 目标确定

　　随着时代发展，交易的形式从最初的物物交换到一般等价物交换，再到用货币交换；货币的形式从原来的金属货币到纸币，再到现在的虚拟货币。由此可以看出，人民币的产生发展与社会生活和人类发展密切相关。

　　课标重视数学与现实生活的联系，强调使学生"初步学会从数学的角度发现问题和提出问题，综合运用数学知识解决简单的实际问题，增强应用意识，提高实践能力"①。我们应该从学生的生活经验和已有的知识背景出发，联系生活讲数学，联系生活学数学，把生活经验数学化、数学问题生活化，体现"数学源于生活、寓于生活、用于生活"的思想。同时，人民币中的单位"元角分"是学习小数的常用模型，是儿童身边真实可感的常用的十进制模型。当学生看到小数时并不会感觉它是抽象的符号，而会赋予它真实的意义，从而更好地理解小数，学习有关小数的内容。因此，我们将货币单元进行主题式架构学习实践，让学生真实地学习数学，让学生学习真实的数学。

　　对比梳理北师大版、人教版和苏教版关于认识人民币的单元，可以发现一些相同点。一是三个版本的内容编排都遵循"小额人民币的认识、单位换算—大额人民币面值的认识、单位换算—购物解决问题"的顺序；另一方面，三个版本在单元的最后一节都安排了购物活动，让学生在实践中加深知识的理解，用人民币的知识解决实际问题。但不同版本也有各自的编排特色，北师大版将小额人民币、大额人民币的认识及换算的学习都放在一个情境中，如买文具、买衣服，先认一认，再在买一件物品的具体实例中说说怎样付钱、怎样找钱。人教版和苏教版在前两节内容的编排上都是直接认识与换算，将解决问题与认识分开进行学习。（见下页表）通过对教材的分析，思考应该充分发挥北师大版教材突出强调的内容，寓教学于情境，让学生在主题探究的实践活动中完成认识人民币的学习的特色。

　　在日常生活中，一方面，在学生现实的购物经历中小面额人民币、大面额人民币的认识与使用是交融在一起的，而且购物本身就是让学生用数学的方法去解决实际问题的数学活动，它们之间并不是分裂的。

---

① 　中华人民共和国教育部．义务教育数学课程标准：2011 年版 ［M］．北京：北京师范大学出版社，2012：9.

三个版本教材的对比

教材版本	小额人民币的认识及换算	大额人民币的认识及换算	解决问题
北师大版			
人教版			
苏教版			

另一方面，教材中出现的 2 元、2 角、1 角的纸币，以及 5 分、2 分、1 分的硬币已经不在市面上流通了，生活中几乎见不到。这说明教材中呈现的内容与实际有一定程度的脱节，学生可能会在运用的过程中产

生认知冲突。但学生应该学习真实的数学，用数学解决真实的问题，不一定必须按部就班地学习教材中人为割裂的数学。这样的情况促使我们思考"购物"单元主题式架构的深度学习，从而改进教学和学习方式，提升教学效果。

学生在学习之前，在日常生活中都有一定的购物经验，在他们接触过人民币甚至使用过人民币的基础上，这一单元应该给学生提供什么样的生长点，应该设计怎样的教学环节，怎样更好地链接生活，尽可能发挥其价值，从而提升学生的学科素养和社会实践能力，让学生充分体会数学与生活的联系，便成为我们思考的关键问题。

深度学习下的单元主题设计要解决的核心问题是，学生能够通过这样的有效设计与过程方法突破知识和技能的重难点，撬动深度思考与探究的欲望。深度学习就是要促进学生高阶思维的发展，而这只有基于教师的深度思考才能引发。因此，我们对"购物"单元进行了主题构建与设计。

基于提升学生综合素养的价值诉求，我们将"购物"单元的主题设计为"货币与我们"，以学科内容与生活的整合链接为主线，整合学习内容本身与学习过程，以学生积极主动的合作探究参与过程为主要途径，以学具币为整个单元的学习工具，创设师生共同深度学习的情境，充分利用学生原有的认知基础与活动经验，在一次又一次的综合实践与自主探索学习中撬动学生对知识的理解与建构，在不断的讨论中让学生反思调整自己本来对知识的理解，迁移解决新情境中的新问题，从而关注学生数感、应用意识等学科素养的发展，培养学生交流合作的品质与数学学习的兴趣，关注学生用数学眼光看待问题、用数学思维解决问题和用数学语言解释世界的公共素养。

2. 学习目标

（1）亲身参与多种形式的实践活动，在经历说币、取币、换币、找币、设币的操作过程中，加深对人民币的认识，进一步掌握人民币的换算及付钱、找钱、换钱等学科知识。

（2）在实践活动中进行充分的合作、交流、分享，促进社会性发展，在活动中有所思、有所想，积累大量的感性经验，玩中学、乐中悟，提升自主学习探究数学的兴趣。

（3）在丰富的主题购物活动中提高应用意识：一方面意识到现实中存在与数学有关的实际问题，这些问题可以抽象成数学问题；另一方面有意识地利用数学的知识方法去解决现实中的问题。

（4）通过设计乐学币的活动，形成独立思考能力与创新意识。（具体目标在下面具体教学实施过程中一一对应呈现。）

◎ 单元学习活动

1. 单元学习规划思路

基于深度学习的单元主题教学实施重在考查学生是否全身心投入积极主动的探究、操作与发现，所经历的活动是否有助于学生的理解与思考，学生是否在过程中展开了积极的合作与沟通，学生的参与中是否能体现单元学习的价值与意义，学生在学习之后是否能够迁移运用到新的情境或现实生活中等。

基于以上分析，我们将原本分散的学习内容打碎、提取、重构、增补，整合"主题演讲、合作实践、创意设计"三种学习途径，为学生呈现丰富的相关学习资源，从而架构出以"货币与我们"为主题的单元学习内容。具体包括认识货币、购物交易、发展中的付款方式与设计乐学币四个环节。

在教学活动的课时方面也打破原有架构，进行贴切主题的调整。

单元内容重构前后对照情况

常规教材中的内容安排 （3~4 课时）		调整后以"货币与我们"为主题的 单元内容安排（7 课时）	
买文具	1 课时	认识货币	1 课时
买衣服	1 课时	小组购物交易	2 课时
小小商店	1~2 课时	年级购物活动	3 课时
/		发展中的付款方式	1 课时
/		设计乐学币	课后

"货币与我们"的单元主题框架图如下。

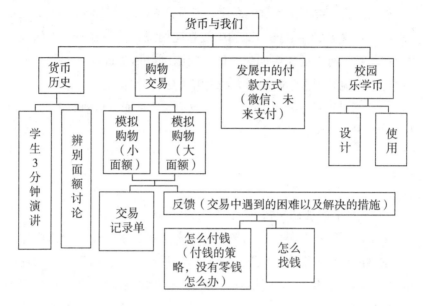

2. 单元学习规划

单元学习规划设计

课时	学习目标	学习内容	学习活动	学习资源
第1课时	1. 经历有关货币的资料查询、信息重组、清晰表达、认真倾听，发展学生的求知欲，培养学生独立探索的能力。 2. 让学生初步了解货币的演变历史以及人民币产生的必要性，初步认识各种面值的几代人民币，认识对比不同国家的币值，培养数学学习的兴趣。 3. 学生分享自己收集到的货币材料，分享自己的购物经历，培养学生交流表达的能力	认识货币	资料查询、学生演讲分享	货币历史、不同时期货币面值、不同国家货币等素材

续表

课时	学习目标	学习内容	学习活动	学习资源
第2~3课时	1. 在购物交易的过程中，进一步认识各种面值的人民币，知道元、角、分之间的相互关系，学会付钱、找钱、换钱，感受付钱策略的多样性，发展数感。 2. 通过购物活动，发展学生的合作交流能力，分享自己的所做所得所思，发展学生自主合作探究的能力。	小面额人民币之间的换算及解决问题	班级内购物实践活动	购物所用的物品、充足的学具币、交易记录单
第4~6课时	3. 在丰富的主题购物活动中提高学生的应用意识。一方面意识到现实中存在与数学有关的实际问题，这些问题可以抽象成数学问题；另一方面，让学生有意识地利用数学的知识和方法去解决现实中的实际问题	大面额人民币之间的换算及解决问题	年级内购物实践活动	
第7课时	1. 在了解了货币以及人民币，进行了充分的购物活动之后，学生再次结合现实情况了解购物的另一种付款方式，对比思考、深度探究当前付款方式的利弊。 2. 在了解发展中的付款方式以及对未来支付方式的想象中，让学生初步感受信息时代带给支付的便捷，进而继续萌发好奇和想象的种子	现代及未来社会的付款方式	社会实践、班级分享	微信、支付宝等支付方式的呈现

◉ **持续性评价**

对"货币与我们"的主题实践单元，我们评价的出发点不再局限于原来突出强调的知识与技能，而是更加关注有益于学生发展的过程与方法、情感态度价值观等。首先在评价内容方面，将认识面额、单位换算以及纸面上题目中的怎么付钱、应找多少钱，变成开放性的现实中的购物解决真正问题。在评价形式方面，不再拘泥于过去的练一练，而是采用实践活动与制作货币小报相结合的方式进行。

从学生反馈的货币小报可以看出，深度学习主题教学的每一个环节都给学生留下了深刻的印象。学生不仅知道了人民币的面值，会换算和解题，而且呈现了丰富多彩的与我们息息相关的有趣的货币。

学生所展现的一种是基于认识货币演讲、分享与交流之后的货币科普小知识，如货币的发展史、货币的种类、现代的付款方式、介绍各国货币面额及各国货币与人民币的汇率、货币的作用、货币符号等。（见下面四幅图）这些精彩的呈现不是学生单纯学习的结果，而是老师与学生共同参与深度学习过程后的产物。

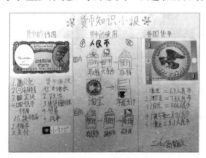

第二种是全面学习货币之后对货币知识或人民币的一次完整、全面梳理，包含内容要点与举例说明。（见下面两幅图）

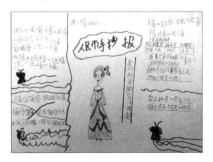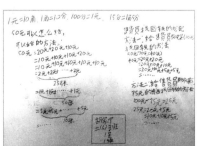

第三种是两次体验购物实践活动之后延伸到生活以及小报中的情境图与问题解决。"超市小计算"与"汇率与食品价格"都很好地体现了学生将数学知识应用到生活中的意识。（见下图）教学中渗透给学生的数学思想是最美丽的，学生能用一双善于发现的眼睛看到生活中有很多与数学有关的问题，而且能够用数学的思维来解释出现的现象，并用数学的方法解决问题。

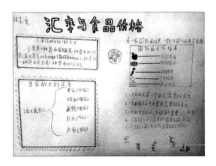

最后一种是关于未来货币或校园乐学币的创意设计，它充分发挥了学生的想象力与创造力，让学生既基于教材又超越教材，既尊重课堂又超越课堂。（见下页图）

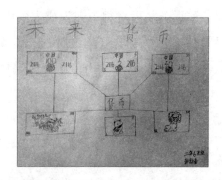

设计这样的评价考虑的主要因素是，给学生一个自由开放的空间，让学生的获得不能止于课堂教学与实践活动，而是能够具有发展性与研究性、链接生活与尊重每个学生个性的，让学生学习货币的热情与兴趣随着研究愈深愈浓。

◉ **教师反思**

本单元打破了原有的以人民币知识为线索的课程与教材体系，以单元主题的形式重组课程内容，将这一内容设计成"货币与我们"单元主题学习内容。这样的内容特色鲜明，既符合学生学习特点，又凸显本单元内容特点，很好地展现了通过课程与教材重组体现深度学习的过程，以实现教学单元的整体目标。教学设计的特点主要表现在以下几个方面。

一是主题式学习把学生的生活更好地融入学习活动。主题式学习不是以知识为线索展开，而是以主题活动为线索展开。以"货币与我们"为主题就直接把学习的内容与学生的距离拉近了，把学习的内容与学生的生活实际紧密联系了。在这个主题下，学生自然会想到货币与我们有什么关系，我们是否了解货币，怎样在生活中使用货币，等等。从设计者的角度，这里的"我们"可能还有更广的含义——不仅是学习者本身，也包括现在、过去和将来使用货币的人们。这就扩大了学习这一单元的视野，使这一内容的学习在更广的时空中拓展。所谓的生活实际也不仅限于当前学生的生活实际，也会促使学生了解货币的历史与未来，更加丰富学生的学习，也拓宽了货币这一内容所涵盖的知识。

二是主题式学习解决了以往教学设计中遇到的一些难题。对于"人民币的认识"这一内容的教学，教师往往不好处理学习内容中包含目前停止流通的小面值货币仍作为教学内容需要学生了解的现实。在单元主题的教学设计中，以"货币历史"这样一个主题进行设计，不仅可以将目前流行的小面值货币包含在学习内容中，也可以把一些已经不流通的货币，甚至是其他国家的货币引入历史的回顾。这既解决了以往教师所遇到的难题，也使这一内容的学习更加丰富与充实。

三是主题式学习实现了单元整体目标的达成。"人民币的认识"这个内容具有很强的现实性和应用性，教学目标的设计包括各种币值的认识及其换算、人民币使用过程中的数学等知识性目标，同时也包括学生的应用意识与实践意识以及社会交往能力等方面的素养目标。主题式学习的教学设计有助于这些综合性目标的实现。学生在主题学习过程中，具体感受和体验货币的使用过程，了解货币的发展历史及未来，提高学生对货币的意义及其在人们社会生活中的作用的认识。学生在演讲、购物、交流等核心活动中体会和运用人民币，使知识的学习融入丰富的活动，实现深度探究的学习过程。

四是主题式学习把认识货币与研究货币结合起来。通过认识货币、购物交易、发展中的付款方式、设计乐学币等主题活动，让学生参与其中，使课内与课外相结合、独立思考与合作交流相结合；在研究货币中认识货币，通过认识货币更深入地理解货币的作用、货币的发展，体会货币与我们的生活密不可分。这样会使学生的视野更宽，思考更深，学习与探究的空间更广。

◎ **附件**

深度学习（课时）设计与教学流程

第 2 课时		
学习目标	1. 在购物交易的过程中，进一步认识各种面值的人民币，知道元、角、分之间的相互关系，学会付钱、找钱、换钱，感受付钱策略的多样性，发展数感。 2. 通过购物活动，发展学生的合作交流能力，分享自己的所做所得所思，发展学生自主合作探究的能力。 3. 在丰富的主题购物活动中提高学生的应用意识：一方面，让学生意识到现实中存在与数学有关的实际问题，这些问题可以抽象成数学问题；另一方面，让学生有意识地利用数学的知识和方法去解决现实中的实际问题	
教学环节	**学习活动**	**评价要点**
环节一	活动准备呈现： 小组内每位成员从家带 2 个自己愿意交易分享的物品，标上价钱，把自己的小组建设成为临时的小小商店。 发放学具及学习单： 教师为每个小组准备一些不同面值的人民币，以及一张交易记录单	通过学生前期准备，观察学生对本节课的期待与投入感
环节二	购物实践活动： 学生亲身参与实践活动，采用现场模拟的方式，展示一个商店的真实情景，运用"角色扮演"这一生动有趣的活动形式，让学生扮演售货员与顾客，用对话形式提出数学问题。 在取币、换币、找币的操作中，加深对人民币的认识，进一步掌握人民币的换算及解决简单的实际问题；在活动中懂得不同面额人民币之间的相互关系，体会应付的钱、	通过讨论与分享，观察学生是否在行为与思维上共同深度参与。 通过对话激发学生对付款方式多样性的认识，提高用多种方法解决问题的意识。 观察学生是否能熟练地进行付钱、换钱、找钱的活动

教学环节	学习活动	评价要点
环节二	付出的钱与找回的钱三者之间的关系，体会付款方式的多样性。 问题： 在购物交易过程中，你原来有多少钱？大家猜猜他可以买哪些物品？你购买了哪些物品？怎么付的钱？卖家怎么找的钱？ 换位思考： 如果是你，你会怎么付款？（可以是正好够用；也可以整钱找零；还可以既付整钱，又给零头）	
环节三	实践活动的记录与反思： 一方面，操作后，把交易的过程记录在交易记录单（见下表）上，包括商品名称、商品价格、顾客付的钱数和卖家找的钱数四部分。 另一方面，整理活动反思，提出活动中的收获与问题，进行小组互相评价 **交易记录单** <table><tr><td colspan="4">第一部分</td></tr><tr><td>商品 名称</td><td>商品 价格</td><td>顾客付 的钱数</td><td>卖家找 的钱数</td></tr><tr><td></td><td></td><td></td><td></td></tr><tr><td></td><td></td><td></td><td></td></tr><tr><td></td><td></td><td></td><td></td></tr><tr><td></td><td></td><td></td><td></td></tr><tr><td colspan="4">问题提出：</td></tr></table>	能够将购物这一问题的活动过程运用表格的方式记录呈现。 观察学生是否能对本次亲身经历的购物活动形成一句总结或感悟。 评价学生是否能从交易走向交流、从数学走向生活。要激发学生对人民币使用的再认识，帮助学生发现生活中蕴含着丰富的数学问题

续表

教学环节	学习活动	评价要点
环节三	问题： （1）在购物交易过程中，你遇到了哪些困难？你是怎么解决的？ （2）在购物交易过程中，你有哪些经验和大家分享？ （3）如果你有零用钱，你打算怎么使用？	

板 书 设 计

购物活动

交易记录单			
商品名称	商品价格	顾客付的钱数	卖家找的钱数

问题提出：

收获或感悟：

作 业 设 计

课时	作业	内容
第1课时	收集货币资料	自选一个角度了解货币，包括货币发展历史、不同时期人民币面值的图案、其他国家货币图案、货币兑换等
第2~3课时	实践活动：家庭交易	在家庭内，利用家里的物品，与家人开展一次购物交易活动，经历付钱、找钱等过程
第4~6课时	实践活动：超市购物	走向社会，亲身经历一次超市购物经历，做准备，自己选择商品、付钱、判断找钱对错等
第7课时	感受现代支付方式	通过生活经历，发现现在微信、支付宝、银行卡等付款方式流行，思考：与传统纸币付款相比它们有什么优劣？
课后	设计校园乐学币	发挥创造性，设计流通于校园内的货币

案 例 四

面积与面积计算——平面图形面积的测量

教材版本：北京师范大学出版社 2014 年版

授课年级：三年级

单元总课时：8 课时

设计者①：贾素艳　邵　钦　刘文静　孙雅娟　马　洁　谢利利

执教者：孙雅娟

◉ **单元学习主题**

1. 主题名称

面积与面积计算——平面图形面积的测量。

2. 主题解读

（1）从课程标准来看，图形测量属于"图形与几何"领域（包括四个方面：图形的认识、测量、图形的运动、图形与位置）的一个重要学习内容，是小学数学核心内容之一。将"面积与面积计算"作为单元主题，对于学生理解把握图形测量问题有重要意义。对于图形，人们往往除了关注它的样子（特征），还要关注它的大小。一般来说，一维图形的大小是长度，二维图形的大小是面积，三维图形的大小是体积。图形的大小需要通过度量来确定，度量的关键是设立单位，而度量的实际操作就是测量。图形的测量在小学数学教学中占有重要位置，度量单位的确定、测量过程的经历及测量结果的获得，都能帮助

① 工作单位为北京石油学院附属小学。

学生由对物体的定性描述发展到对物体的定量刻画，有助于学生在理解常见的量的基础上用数量描述现实生活中的简单现象，发展数感；有助于学生在对图形大小的描述与表示中，在对图形的转化、想象、分析与推理中，发展空间观念。

（2）从教材来看，"面积"和"体积"一般都有明确定义（物体表面或封闭图形的大小叫作物体的面积，物体所占空间的大小叫作物体的体积）。可是，在教学中，我们发现学生能够很流利地背出概念，却时常在解决问题时将它们混淆。这使我们不禁在想：熟记这句话，就理解什么是面积、什么是体积了吗？答案应该是否定的。

什么是测量？测量的本质是什么？又该如何定义长度、面积、体积呢？张奠宙先生给测量下的定义是："测量，不仅仅是拿刻度尺去量测一条线段的长短（那属于物理学范围），数学测量的本质是给每一条线段以合适的数。在这样的视角下，可以说，长度、面积、体积测量的数学意义很遗憾地在中小学教科书里被淹没了。"①

如长度，其核心在于如何给每一条线段"指定"一个适当的数，并使之具有长度的三条性质（长度的有限可加性、运动不变性、正则性）。如面积可定义为：数 m 是一个平面图形 A 的面积，就是指能用 m 个单位正方形不重叠地恰好填满 A。由此想：所谓度量，就是计算所要度量的图形包含多少个度量单位，其核心要素是单位及单位个数。是否有一个定义给学生并不重要，重要的是让学生体会到长度是几个长度单位累加的结果，面积是几个面积单位拼接的结果，体积是几个体积单位堆积的结果。度量本质才是学生理解概念的核心。从学生的成长经验来看，"长短""大小"等概念的形成是基于比较的认识方式。学生对长短比较的描述是从"一点""一些"到"半个头""两个手掌长"。"头""手掌"这些生活中可见、熟悉的事物其实就是学生找的

---

① 张奠宙. 深入浅出，平易近人：怎样测量长度、面积和体积［J］. 小学教学（数学版），2014（9）：4-6.

一个"比较物",也可以称作一个"非标准单位"。教学中是否可以从"比较"入手,让学生在比较中由"非标准"过渡到"标准",由单位的特性理解概念呢?

教材中在呈现概念后都要来认识度量单位。度量单位的学习需要经历以下步骤:①体会统一度量单位的必要性;②认识度量单位;③建立表象;④判断单位是否适宜;⑤用单位度量;⑥进行单位换算。

在对度量单位的学习和认识过程中,学生必将经历从非标准单位到标准单位的过渡,认识度量的单位,体会单位的重要作用,并在各项活动中初步感受度量单位的特性。

整体来回顾刚才的几个步骤,学生要感受图形度量的本质,体会由非标准单位到标准单位的度量;并会用单位进行度量,解决问题。由此可见图形度量部分将借助单位,从度量的角度帮助学生学习几何概念,感受空间,发展空间观念。

在对北师大版、人教版和苏教版教材进行横向对比时,也会发现很多相似之处,它们都为实际教学提供了很好的抓手。(以下每行三幅图分别来自北师大版、人教版和苏教版教材。)

①直观感觉物体的表面有大有小,揭示面积概念。

②"比大小"活动,凸显用单位比较面积大小的方法,以及从度量的角度认识面积。

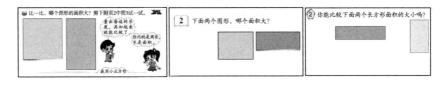

③"画一画"活动凸显方格(即单位)在理解面积概念中的作用,帮助体会面积是一个数量概念,单位是度量面积的主要工具。

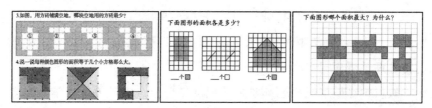

④突出"量"这个活动，注重学生的发展，在度量中再次认识面积、探索面积。

⑤转化的同时，依然注重单位。

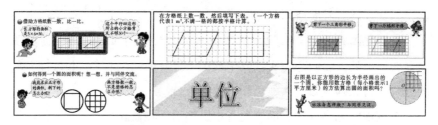

⑥暴露学生的困惑，辨析中理解。（略）

在教材分析的基础上，我们的思考是：教学设计时以"单位"为核心，将单位作为度量的标准，帮助学生辨析困惑，正确理解度量单位，最终完成对图形面积的定量刻画。

综上所述，"面积测量"的本质是用一个数（度量单位的个数）来刻画一个物体的长短、大小、多少。在此过程中，"单位"的重要作用不言而喻，数感及空间观念的发展蕴含其中。

（3）从学科核心素养来看，周长、面积、体积计算是小学数学中一直以来比较"重视"的内容，但学生对图形记忆最深刻的就是公式计算，虽然他们把公式背得滚瓜烂熟，可是却时常会用混、用错。究其原因绝不仅仅是马虎，主要是以往的教学太过强化公式，而弱化了对概念的理解，忽略了对周长、面积、体积本质的追寻。本主题的教学设计将凸显面积的数学本质，强化对面积本质的理解，突出了测量的核心要素——"单位"；同时也让学生在探索的过程中发展其对数学的理解，有助于数学素养的提升。

（4）从学生自身的学习情况来看，二年级学习长度时，学生就已经学会了度量铅笔长度的方法，有的用曲别针的长来度量，有的用盒子的长度来度量，还有的用橡皮的长度来度量……。从用非标准单位测量长度，到认识标准单位，用标准单位尺子测量长度，学生经历了从非标准单位到标准单位测量的过程，知道一个物体的长度是可以用一个长度重复测量的，理解长度其实就是多个小线段长度不断累加的结果。

学习长度和面积后，我们发现，学生对周长和面积这两个概念极易混淆。结合相关学情调研，我们找出学生产生困难的原因在于：学生认为图形的边框与图形的内部有着正相关的联系，即边框长，内部就大，进而推理出周长越长面积就越大。此外，学生能够比较图形大小，但不会刻画图形的大小，因而只有让学生找到度量面积的单位，才能真正理解面积的本质。学生探寻刻画一个图形标准的过程更是促进学生空间观念能力以及数感发展的过程。

◉ 单元学习目标

1. 目标确定

基于以上学习内容及学习者分析，对于单元学习目标的制定，我们可以依据以下几点。

（1）我们清晰地看到学生比较面积和比较长度的不同之处在于，学生不知道如何描述一个图形的面积，学生认为周长越长面积就越大。当两个图形的面积无法直观比较，甚至重叠后用割补法都无法再比较时，学生的思维必然出现混乱，此时，对长度（周长）的认识自然形成负迁移。

（2）学生比较两个图形面积的思维过程是：直观比较—重叠比较—重叠后割补法比较—选择度量单位比较（即刻画图形的大小）。而寻找度量单位刻画图形的大小，才可以让学生真正理解面积的本质。

（3）学习长度的经验会给学生带来负迁移，因此在学习面积时，必须将周长与面积进行区分，刻画长度的学习过程则将帮助学生寻找面积单位，从定性比较大小到定量刻画图形的大小，最终找到面积与周长的本质区别，从而真正理解面积。

2. 学习目标

（1）通过直观比较面积大小，理解面积单位的意义；通过真实任务情境问题的解决，掌握面积计算方法，丰富对面积意义的认识。

（2）通过对一些图形大小的描述理解单位和测量的意义，体会并认识面积单位（平方厘米、平方分米、平方米、平方千米和公顷），会根据解决问题的需要进行简单的面积单位换算，探索发现并能用公式计算长方形和正方形的面积。能够用几倍的单位量进行面积的表示，理解用边长求解面积的意义。

（3）通过解决实际问题，感受将面积进行数量化表示的优点和通过计算求出面积的便利性，并尝试灵活运用在生活中。

（4）在比较面积大小、推导面积计算公式等过程中，提升发现问题和解决问题的能力，养成独立思考、勇于探索的习惯。

◉ **单元学习活动**

1. 单元学习规划思路

学生二年级对长度的认识，是对一维空间的度量；三年级学习面积，是对二维空间的度量；五年级认识体积，则是对三维空间的度量。其实无论是一维、二维还是三维空间的度量，对每一个度量对象的学

习和研究都经历了同样的过程。（见下图）

在这个学习过程中，我们可以看到"单位"这一概念贯穿始终，学生对面积度量的理解一方面取决于对面积概念的理解，另一方面取决于对单位 1 平方厘米、1 平方分米、1 平方米的理解。即要理解面积度量是用面积单位密铺一个封闭图形的结果。这就要让学生经历"关于'量'的丰富的直观—测量方法的多样性—标准量产生的必要性—用标准量去测量的过程—测量结果的优化"的学习过程。因此，我们对本单元的学习进行了单元结构的重新调整。（见下表）

单元内容重构前后对照情况

北师大版教材中的内容安排 （9 课时）	调整后以"单位"为主线的单元 内容结构（8 课时）
认识面积	面积的认识及比较
面积单位的认识	认识面积单位——平方厘米
练习一	1 平方厘米的应用练习课
长方形、正方形面积计算	长方形面积计算
面积计算练习课	正方形面积计算
面积单位换算及认识公顷和平方千米	认识面积单位平方分米、平方米
面积单位换算练习课	练习课
练习二	面积单位换算
实践活动	／

调整后的单元教学结构更加注重从测量的角度认识面积，在比较面积的过程中，使学生认识到比较面积就是在比较封闭图形面的大小，面积即封闭图形面的大小；测量面积就是用面积单位刻画一个封闭图形面的大小，从这个角度看面积就是面积单位的累加。另外，用"单

位"测量面积，从度量的角度认识面积，更有利于学生摆脱周长学习的负迁移作用，正确区分周长和面积。与此同时，将"单位"贯穿于整个面积的学习过程中，给学生更多的自主学习时间和空间，无论是面积单位的发现、统一面积单位的需求，还是长方形、正方形面积计算公式的推导，都是学生在测量活动中自然而然产生的。要真正从学生的角度出发，将学习的主动权交与学生。

2. 单元学习规划

单元学习规划设计

课时	学习目标	学习内容	学习活动	学习资源
第1课时	1. 通过直观比较两个图形的大小，初步感受面积的概念。在尝试描述图形大小的过程中，发现、使用、体会面积单位的价值，在辨析周长与面积的过程中进一步理解面积。 2. 在寻找度量面积的标准中，能从定性比较大小到定量刻画，使创新意识和创新能力获得发展。 3. 通过具体问题情境探索寻找新的"单位"，思维能实现从一维到二维的跨越，空间观念有进一步的发展	面积的认识及比较	由比较两个图形的大小，到借助长度学习经验，自主寻找面积单位，刻画单一图形的大小	1. 周长相等、面积不等的长方形和正方形。 2. 区分周长和面积的学习工具。 3. 鼓励学生在生活实际中寻找测量面积的标准
第2课时	1. 在测量面积的活动中体会统一单位的必要性。 2. 认识面积单位1平方厘米，借助生活实例认一认、比一比，感知1平方厘米	认识面积单位——平方厘米	在测量活动中，产生统一单位的需求，体会1平方厘米的大小	1. 面积是1平方厘米的正方形。 2. 鼓励学生寻找身边适合用1平方厘米进行测量的面

续表

课时	学习目标	学习内容	学习活动	学习资源
第3课时	1. 在具体生活情境中，进一步感知1平方厘米。 2. 通过估一估、量一量的活动进一步认识什么是面积，应用1平方厘米描述具体生活实例	1平方厘米的应用练习课	在实际生活情境中进一步感知1平方厘米	面积是1平方厘米的正方形
第4课时	1. 用1平方厘米测量长方形面积的大小，感知面积就是面积单位的累加。 2. 在具体测量活动中，推导长方形面积公式	长方形面积计算	在用1平方厘米刻画长方形面积的过程中，挖掘长和宽与1平方厘米小正方形个数之间的关系，从而推导出长方形面积公式	1. 面积是1平方厘米的正方形。 2. 若干面积不等的长方形
第5课时	1. 用1平方厘米测量正方形面积的大小，感知面积就是面积单位的累加。 2. 在具体测量活动中，推导正方形面积公式。 3. 通过寻找长方形、正方形之间的关系，推导正方形面积公式	正方形的面积计算	借助长方形与正方形图形之间的关系，推导正方形面积公式	1. 面积是1平方厘米的正方形。 2. 若干面积不等的正方形
第6课时	1. 在测量面积的活动中产生对更大面积单位的需求，认识平方分米、平方米。 2. 借助生活实例认一认、比一比，感知1平方分米和1平方米的大小	认识面积单位平方分米、平方米	在观察、比较、测量活动中体会1平方分米和1平方米	1. 面积是1平方厘米的正方形。 2. 面积是1平方分米的正方形。 3. 面积是1平方米的正方形

续表

课时	学习目标	学习内容	学习活动	学习资源
第7课时	1. 在具体生活情境中，进一步感知1平方厘米、1平方分米和1平方米的大小。 2. 通过估一估、量一量的活动进一步认识什么是面积，应用不同面积单位描述具体生活实例	练习课	在实际生活情境中综合应用之前的知识	1. 面积是1平方厘米的正方形。 2. 面积是1平方分米的正方形。 3. 面积是1平方米的正方形
第8课时	1. 通过测量面积的活动，进一步感知面积是面积单位的累加，建立1平方米、1平方分米和1平方米之间的联系。 2. 应用所学内容解决实际问题	面积单位换算	测量过程中再次认识面积单位，建立面积单位之间的关系	1. 面积是1平方厘米的正方形。 2. 面积是1平方分米的正方形。 3. 面积是1平方米的正方形

◉ 持续性评价

持续性评价方案设计

序号	评价目标	评价任务	评价标准	评价方式
1	考查学生对面积理解处于哪个思维水平	请用自己的方法表述下面长方形纸的大小 □	思维水平1：直接测量长方形周长，周长与面积混淆。 思维水平2：直接用长乘宽，听别人说过或在课外班学过，但不明白道理。 思维水平3：尝试用橡皮、学生卡等非标准单位测量，初步实现从一维长度到二维面积的飞跃。 思维水平4：直接用公式长×宽度量，并理解长×宽的道理。	试卷

续表

序号	评价目标	评价任务	评价标准	评价方式
1			思维水平5：根据实际情况直接估测出图形大小。 思维水平6：正确灵活解决生活中有关面积的实际问题	
2	课后评价，考查学生对面积理解处于哪个思维层次	老师手机屏幕不小心摔碎了，老师想重新换上一块屏幕，请学生帮忙，应该换一块多大的屏幕呢？	同上	/

◉ **教师反思**

经历深度学习，是师生共同进步、共同成长的过程。大家欣喜地发现，在合作探究过程中，学生之间十分默契；在交流方法过程中，学生自信地进行表达；在师生问答中，学生专注地倾听；等等。学生收获的不仅仅是知识和能力，更重要的是长期发展所需要的素养在这个过程中得到了润物细无声的渗透和培养。当然，在这个过程中，老师们潜心研究、提升自己，把深度学习当成常态，内化为不断前行的动力。

老师们对于研究对象的关注点更加有深度、有广度。在"面积"这一单元教学过程中，着眼点放在对测量对象的图形本质的理解上，抓核心，建联系，突本质。这样既能对"面积"这一单元的知识进行系统的分析理解，并大胆地进行单元知识整合，又能很好地建立长度-面积-体积的一系列知识的研究体系。

老师更加关注对学生的研究，通过三次调研和访谈，对学生的学习方式和思维路径了解得更加清晰，为课堂核心活动的设计及学生学习方式的确定提供了真实、全面、有效的依据。

课堂实施过程中，让学生经历寻找面积单位的过程，让学生思维从一维到二维的飞跃成为一种可能。在推导面积公式的过程中，让学生亲自动手摆一摆、画一画，经历学习探究过程，积累学习经验；同时，帮助学生建立数感，发展空间观念。

⊙ **附件**

深度学习（课时）教学流程

第 1 课时		
学习目标	1. 通过直观比较两个图形的大小，初步感受面积的概念。在尝试描述图形大小的过程中，发现、使用、体会面积单位的价值，在辨析周长与面积的过程中进一步理解面积。 2. 在寻找度量面积的标准中，能从定性比较大小到定量刻画，创新意识和创新能力获得发展。 3. 通过具体问题情境探索寻找新的"单位"，直观地理解一维和二维图形，空间观念有进一步的发展	
教学环节	**学习活动**	**评价要点**
环节一：直观比较面积大小，初步感知面积概念	师：上节课我们一起认识了面，请你找找我们的周围都有哪些面？ 生：桌面、墙面…… 师：其实这些都是从物体中抽离出来的面，都是物体的表面。（板书：物体的表面） 师：这是桌子的表面，它是一个长方形。这是数学书的封面，也就是数学书的表面，它也是长方形的。那关于这两个面，你还有什么发现？ 生：桌子的表面比数学书的封面大。	寻找生活中的面，在此过程中感受到面是有大有小的，并能够通过直观比较判断出面的大小

教学环节	学习活动	评价要点
环节一：直观比较面积大小，初步感知面积概念	师：看来我们的生活当中不但有很多的面，而且这些面是有大有小的。比较这两个面的大小，实际上就是在比较这两个长方形的大小。（板书：大小） 师：我们将物体表面的大小或者是封闭图形的大小叫作面积。桌面的大小就是桌面的面积，长方形的大小就是长方形的面积。这个图形的面积比那个图形的面积大。（板书：面积） 师：那请你再找到两个面或两个图形，比一比它们谁的面积大。 生1：墙面的面积比黑板面的面积大。 生2：桌面的面积比椅子面的面积大。	
环节二：建立问题情境，产生测量面积的需求，尝试解决生活中的实际问题	师：接下来，我们需要利用面积的相关知识帮三只小猪解决一个问题，看看是什么问题呢？ 出示：老大和老二的房子被大灰狼吹倒了，于是他们就分别拿着一根同样长的绳子去圈地，准备建造自己新的家园。他们是这样圈的： 现在要在圈好的地上铺地砖，谁需要的地砖多呢？ （教师出示面积不同而周长相同的长方形和正方形） 生1：一样多，因为用的绳子一样长。 生2：老大用得多，老大的地的面积大。 生3：这么看，看不出来。 师：同一个问题，正确的答案只可能有一个，到底听谁的呢？针对刚才大家的意见，你有什么想说的？ 生4：我觉得不能因为绳子一样长，就说他们用的砖一样多。	通过学具操作，学生认识到比周长只是比较了线段的长短，并不是在比较面的大小。在这样的一个过程中，让学生区分周长和面积

教学环节	学习活动	评价要点
环节二：建立问题情境，产生测量面积的需求，尝试解决生活中的实际问题	生5：绳子的长度就是绕地一圈的长度，所以比较的是周长。 生6：周长是一条线，不是面。地砖应该铺在面上。 师：老师这里准备了一个正方形的小工具，请这个同学到前面给我们演示一下，我们绳子圈的是哪里？ （学生操作学具） 师：地砖应该铺在哪里呢？谁来给大家指一指。 （学生摸面） 师：所以我们应该比较的是面积而不是周长。	
环节三：在寻找方法比较面积的过程中，进一步认识面积是面的大小	师：那到底哪个面积大呢？一下子能比出来吗？ 生：比不出来。 师：直观比较不能够确定谁的面积大谁的面积小。怎么办呢？你打算怎么做？ 生：将两个图形重叠起来比一比。 （学生利用重叠法比较图形的面积） 师：重叠比较后，谁的面积大？ 生：正方形的面积大，老二圈的地大，所以它用的砖多。	利用学生测量面积的生活经验
环节四：寻找面积单位进行面积的度量，体会面积就是面积单位个数的累加	师：第一个难题解决了，老二的地大，用的砖多。那到底应该多准备多少砖才行呢？猪小弟发愁了，你能再帮帮它吗？想一想、试一试，测量出这两个图形的面积到底是多大？你有什么方法吗？ 生1：我觉得可以试一试橡皮。 师：怎么做？ 生1：用橡皮的面来量这个面就行了。 师：其他同学的意见呢？你觉得可行吗？ 生2：我觉得可以，因为橡皮面是个面，面就能量面。 生3：我也觉得可以，我们看长方形里有几个橡	独立寻找面积单位量图形的大小，建立面积的概念，完成从定性描述到定量刻画图形大小的过程

教学环节	学习活动	评价要点
环节四：寻找面积单位进行面积的度量，体会面积就是面积单位个数的累加	皮面，正方形里有几个橡皮面，比一比谁的个数多就说明谁的面积大。 师：这个同学想到用橡皮的面来测量这两个图形的面积，并且得到了大家的认可。那你是否从中受到了一些启发，能不能试着开发出其他的测量工具呢？请你想一想、试一试，比较出这两个图形的面积谁大谁小。 （学生寻找面积单位进行测量：曲别针、小正方形……）	
环节五：展示不同的测量标准，发现面积就是面积单位的累加，并产生统一面积单位的需要	师：请几个同学到前面展示一下他们的测量过程，说一说是用什么进行测量的，测量的结果是什么。 生1：我们是用这个小猪转笔刀的面量的，正方形里有10个面，长方形里有8个面。 师：看来正方形的面积就是10个转笔刀面。 生2：我是用曲别针量的。正方形里有35个曲别针，长方形里有30个曲别针。 师：是用曲别针的哪里量的？ 生2：面。 师：那就是说正方形的面积是35个曲别针面。 生3：我用这个小正方形量的，正方形里有4个，长方形里有3个。 师：那就是说正方形的面积是4个小正方形。 师：看看这些测量结果，你又有什么发现？ 生：如果测量用的面小，结果的数就多；如果测量用的面大，结果的数就小。 师：一会儿数多一会儿数少，根本原因是什么？ 生：测量标准不同。 师：这些同学发现了一个不同之处，你还有其他发现吗？ 生：都是用这些工具的面进行测量。 师：用面测量面，而且上一次我们在量长度的时候也用到过橡皮，和这一次用橡皮一样吗？ 生：不一样。	在经历了发现面积单位（非标准单位）和使用面积单位的过程后，使学生从中深体会到面积单位的价值。在探索寻找新的"单位"中，学生的思维实现了从一维到二维的飞跃

教学环节	学习活动	评价要点
环节五：展示不同的测量标准，发现面积就是面积单位的累加，并产生统一面积单位的需要	师：我们一起回忆一下。（课件演示）测量长度时，我们用橡皮的边，橡皮的边有几段就说明线段的长度是多长；这一次我们用橡皮的面，橡皮的面有几块就说明面积有多大。	
环节六：回顾与反思，体会什么是面积	师：经历了长度的测量和面积的测量，请你回想这两次测量的过程，你有什么发现或者收获？ 生1：我觉得测量不见得一定要用尺子，我们身边很多测量工具呢。 生2：我们都要用短的测量长的，小的测量大的。 生3：测量的工具不同，测量结果肯定不同。 ………… 师：看来，大家对测量有了更进一步的认识，对测量工具、测量方法和测量结果都有了新的认识；并且提到了由于测量标准不同，我们的测量结果也就不同。结果不同就不好交流，那我们接下来的任务应该是什么呢？ 生：统一标准。 师：那回到我们今天的研究主题，你觉得面积到底是什么呢？ 生1：我觉得面积就是一个图形里面的一块儿。一个面就是面积。 师：有的面大，有的面小。 生2：我觉得面积，比如说一个图形，它的大小就是面积。 生3：面积是一个封闭图形的大小。 生4：正方形的面积就是它里面有几个面积单位。	在描述面大小的过程中，感知面积的意义，即让学生体会到图形面的大小就是面积，在测量过程中体会到面积也就是"单位"个数的累加

续表

教学环节	学习活动	评价要点
环节六：回顾与反思，体会什么是面积	师：也就是说，面积单位的个数就是它的面积。 师：现在我们知道了什么是面积，并且制定出了下节课的学习目标——统一标准。	

板 书 设 计

什么是面积

物体的表面　　　　　　　　　　　10 个转笔刀面

　　　　　　大小　　面积　　35 个曲别针面

封闭图形　　　　　　　　　　　　…………

作 业 设 计

1. 右下图是铺了正方形地砖的客厅地面。如果地砖边长为 50 分米，那这个客厅的周长是多少米？面积是多少平方米？

2. 用长 16 厘米的铁丝围长方形，你能围出几种？填一填。（长、宽都是整厘米）

案 例 五

探索因数与倍数的奥秘

教材版本：人民教育出版社 2013 年版

授课年级：五年级

单元总课时：6 课时

设计者①：万　莉　唐易寰　王森林　李　敏

执教者：万　莉

◉ 单元学习主题

1. 主题名称

探索因数与倍数的奥秘。

2. 主题解读

（1）从课标角度看，"因数与倍数"这个单元是小学数学中的核心内容"数的整除"中的重要内容，将"因数与倍数"作为单元主题进行深入研究有重要意义。一方面，学习分数，特别是约分、通分，需要以因数、倍数的概念，2、5 和 3 的倍数的特征，质数、合数为基础；另一方面，这部分内容的学习，是在小学五年级学生已经学了一定的整数知识（包括整数的认识、整数的四则运算及其应用）的基础上对整数的性质的进一步认识。但因为数论的概念比较抽象，与学生的实际生活较远，所以学生理解起来存在一定的困难。所以本单元设计将抽象的概念教学转换成数字卡片游戏的实践操作活动，给予学生充足的时间，让学生在活动中逐渐积累直观经验，初步体会倍数与因

---

① 工作单位为重庆市南岸区弹子石小学校。

数、质数与合数等概念的区别与联系。通过课堂上的展示、交流等活动，引发学生的数学思考，逐步发现规律，沟通、抽象出各数概念之间的联系，从而加深对倍数与因数、质数与合数概念内涵的认识。

（2）从学科本体上看，本单元学习属于"数的整除"这一大单元，也是小学阶段概念多、相互关联密切的单元之一。这些概念都是通过已有的概念定义出来的概念，也就是"二级概念"。在数的整除理论中，倍数和因数实际上反映的是自然数的整除性上的关系。

小学所涉及的数的整除性特征包括：①能被 2 整除的数的特征，即个位上的数是偶数；②能被 5 整除的数的特征，即个位上的数是 0 或 5；③能被 3 整除的数的特征，即各位数字之和能被 3 整除。比如：$3456=3\times1000+4\times100+5\times10+6=3\times(999+1)+4\times(99+1)+5\times(9+1)+6=(3\times999+4\times99+5\times9)+(3+4+5+6)$，因为第一个括号内的结果是 3 的倍数，所以如果第二个括号内的结果是 3 的倍数，那么根据整除的性质，原数就是 3 的倍数；如果第二个括号内的结果不是 3 的倍数，那么根据整除的性质，原数就不是 3 的倍数。现在第二个括号内的结果是 $3+4+5+6=18$，18 是 3 的倍数，所以原数是 3 的倍数。学生对这种抽象的表述理解是存在一定困难的。通过本单元主题学习，学生将从另一个角度来理解认识其中蕴含的数学原理。

（3）从教材方面看，本单元在数的整除整个知识链中起到承上启下的重要作用。（见下图）

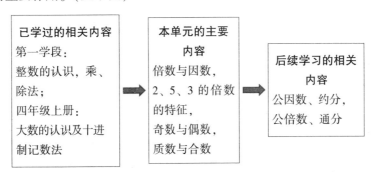

本单元的教学内容包括：认识倍数与因数，以及找一个数的倍数的方法。倍数与因数是整数学习中的重要概念，也是分数学习的重要

基础。学习 2、5、3 的倍数的特征，这一部分内容是求最大公因数和最小公倍数的重要基础。在学生学习了因数与倍数的基础上，学习找因数的方法，然后在此基础上认识质数与合数，学习找质数的方法。单元整体框架如下：

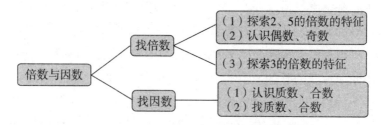

（4）从学科核心素养发展的角度看，"因数与倍数"是学生数的认识的进一步扩展，能丰富学生有关整数的知识，加深对整数和整数除法的认识。同时，由于这些知识比较抽象，且概念间的联系比较紧密，是从不同的数之间的关系和数自身特征的角度来认识数的，所以培养学生的抽象思维能力，要在具体情境中探索数的规律，让学生运用归纳、演绎等逻辑思维方法，初步形成敢于质疑、勇于探索、追求真理的科学精神，发展学科核心素养。

◉ **单元学习目标**

1. 目标确定

（1）从课标要求来看，数学教学活动"应该以学生的认知发展水平和已有的经验为基础"[①]，教师应激发学生的学习积极性，"引导学生独立思考、主动探索、合作交流，使学生理解和掌握基本的数学知识与技能，体会和运用数学思想与方法，获得基本的数学活动经验"[②]。课标对于这部分内容的要求是："知道 2，3，5 的倍数的特征，了解公倍数和最小公倍数；在 1~100 的自然数中，能找出 10 以内自然数的所有倍数，能

---

①② 中华人民共和国教育部. 义务教育数学课程标准：2011 年版 ［M］. 北京：北京师范大学出版社，2012：3.

找出 10 以内两个自然数的公倍数和最小公倍数。……了解公因数和最大公因数；……能找出两个自然数的公因数和最大公因数。……了解自然数、整数、奇数、偶数、质（素）数和合数。"① 从要求中分析，对于 2、3、5 的倍数的特征的要求是"知道"，找出 100 以内自然数中 10 以内数的倍数的要求是"能"，而后者要在前者的基础上才能完成。因此，对于 2、3、5 的倍数的特征的教学重点是，知道这些特点，会运用这样的特点确认相应的数是否是 2、3、5 的倍数，为学习公倍数的知识做准备，同时也为进一步了解数的特性打下基础。

（2）从教材单元内容上分析，这个单元共包括 6 课时的内容，在这一单元中，2 和 5 的倍数比较简单，是学生比较熟悉也比较容易掌握的内容。"3 的倍数的特征"的学习是第 3 课时，是在学生已经掌握了倍数、因数是什么，也掌握了探究 2、5 的倍数特征的方法的基础上进行学习的，但是相比 2、5 的倍数特征，3 的倍数的特征具有一定的难度，是一个难度逐渐提升的学习过程，由 2、5 的倍数特征的应用引出 3 的倍数特征的探索，通过猜想、验证猜想、质疑、批判学习的方式发现 3 的倍数的特征，所以本课时最能体现深度学习的特征。

我们重点分析各版本教材中有关 3 的倍数的特征部分，了解它们各自的特点，为内容理解和学习活动设计做准备。各版本教材对相关内容安排的年级有所不同，如下面表格所示。

各版本教材年级安排

版本	根据 2001 年版课标编写的教材	根据 2011 年版课标编写的教材
北师大版	五年级上册第 6~7 页	五年级上册第 35~36 页
青岛版	五年级上册第 101~102 页	五年级上册第 93~94 页
人教版	五年级下册第 19 页	五年级下册第 10 页

---

① 中华人民共和国教育部. 义务教育数学课程标准：2011 年版［M］. 北京：北京师范大学出版社，2012：20-21.

续表

版本	根据 2001 年版课标编写的教材	根据 2011 年版课标编写的教材
苏教版	四年级下册第 76~77 页	五年级下册第 33~34 页
浙教版	四年级下册第 14~15 页	四年级下册第 14~15 页

五个版本教材中将内容安排在了四、五年级，符合学生的数学学习特点，学生能够利用已经学过的知识进行学习、参与活动。

各版本教材为学生提供了不同的学习资料（见下表），虽然这些资料各不相同，但都为学生的学习起到了有效辅助的作用，帮助学生对学习内容进行理解，探索出倍数与因数的相关特征。

各版本教材提供的学习资料

版本	根据 2001 年版课标编写的教材	根据 2011 年版课标编写的教材
北师大版	百数表	百数表
青岛版	情境图、百数表	情境图、百数表、计数器
人教版	小组讨论的情景图片	百数表
苏教版	百数表、计数器	百数表、计数器
浙教版	用数字卡片摆三位数	用数字卡片摆三位数

比如，苏教版教材的整体设计如下。

苏教版教材对"3 的倍数特征"的学习安排是通过在百数表中圈数和拨数珠等活动，引导学生探索 3 的倍数特征。学生通过观察、猜想、交流、归纳、验证等活动，了解 3 的倍数特征，让学生在经历探索数学知识的过程中获得研究一个数的倍数特征的方法，积累学习经验。（见下页前两幅图）

北师大版教材（见下面左图）和人教版教材（见下面右图）对于3的倍数内容的编排都是利用百数表，先找出3的倍数，再引导学生观察、猜想、验证，教材通过逐步增加提示的方式，降低学生在概括时的思考难度，逐步归纳概括出3的倍数的特征。

通过以上分析可知：3的倍数的特征属于数论部分内容，对学生来

说是十分抽象的，研究数的特征则更为抽象，这也是许多教材没有涉及"为什么"的主要原因。由"2，5 的倍数的特征"到"3 的倍数的特征"，学生的认识要经历一个思维跨越，需要学习者具有一定的数学学习水平及逻辑分析能力。五年级是学生发展抽象逻辑思维能力的起步阶段，学生由具体思维能力转向抽象思维能力，有利于促进数学高阶思维的发展。

（3）从单元学情上分析，通常的教学设计采用百数表作为这一单元的主要研究素材，但通过对班级学生的课前调研（见下图），我们发现：学生圈出 100 以内 3 的倍数会花 5 分钟左右的时间，中等生和学困生圈出的数还有错，特别是 50 以上的数，纠正完圈出的数就花去 10 分钟左右的时间。学生完成圈数后再观察这么多数，也难发现有探究价值的数学问题。于是我们开始思考如何简化探究素材，同时又使多数学生能够深入思考。

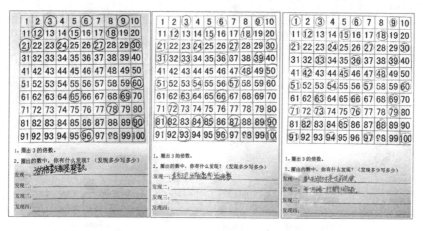

心理学研究表明，小学五年级学生正处在由具体形象思维向抽象逻辑思维过渡的时期。在认识抽象的数学原理时，仍需以具体形象的实物或图片为载体，借助直观来完成向抽象思维的过渡。通过分析学生对于数字特征认识的经验，同时了解到学生对挑选数字号（老师上课前先写出 1~100 或根据每课需要写出三位数、四位数的数字卡片）的活动感兴趣，由此想到，教学设计可以以孩子们自己挑选的数字号作为研究素材，在具体问题情境中利用这样的真实素材解决问题，便可能激发学生的学习欲望和探究动机。在教学中，学生每节课都带着自己的数字号上课。学因数和倍数时，以前总是跟学生强调因数和倍数不能单独说；有了数字号后，下课了让孩子们做找朋友的游戏，找到自己的好朋友后就到台上找教师交回数字号。比如，4 号和 16 号两人上台，一人说"我的 4 是你的 16 的因数"，另一人说"我的 16 是你的 4 的倍数"。就这样，让学生在游戏中领悟因数和倍数相互依存的含义。再如，在求因数的个数时，45 号上台，请数字号是 45 的因数的学生上台，孩子们在上台与不上台的选择中明确了怎样找因数才不会遗漏也不会重复。探究 2、3、5 等倍数的特征也用他们的数字号，以此激发他们探究的兴趣。这样让本单元本来有些枯燥的难以区分的概念——因数、倍数、奇数、偶数，2、3、5 的倍数的特征，以及后面的质数、合数，在孩子们玩数字号的游戏中变得有趣起来。相信孩子们对自己挑选的数字号会有更深的认识，在判断自己和别人数字号时知道每个数字号都有丰富的数学内涵，既肩负着多重身份，又有着独特身份。相信孩子们的记忆是深刻的，这样的教学是有效并有一定深度的。

2. 学习目标

依据课标要求，结合学生的学情，以单元主题为统领，确立如下单元学习目标。

（1）学生经历倍数与因数、质数和合数的认识过程，以及 2、5、3 的倍数的特征的探索过程，学会归纳、类比与猜测，发展初步的合情推理能力；初步形成敢于质疑、勇于探索、追求真理的科学精神。

（2）学生能找出 10 以内某数在百以内的全部倍数，以及百以内某数的所有因数；知道 2、5、3 的倍数的特征，奇数和偶数，质数和合数，并能做出相应的判断。

（3）学生在认识倍数与因数、探索非零自然数特征的过程中，体会观察、分析、归纳或猜想、验证等科学的探索方法，体验数学问题的探索性和挑战性。

◉ **单元学习活动**

1. 单元学习规划思路以及各个学习活动之间的关系

学生的深度学习活动过程，一定是师生积极参与、交往互动、共同发展的过程，为了满足学生对因数与倍数中的奥秘探索的欲望，激发学生探究的兴趣，为学生提供实践、探索和交流的机会及空间，本单元的学习主要让学生采用动手实践、自主探索与合作交流的学习方式，让学生经历观察、分析、猜想、验证、推理等过程，深度参与到学习活动中，促进学生观察、分析、抽象、概括能力的培养，提升学生的核心素养。

本单元主题共需要 6 课时完成，根据数学学科性质和特点弹性地分配每节课的课时。改变传统 40 分钟一节课的固定化时间分配制度，可以实行长短课时的有机结合。

第 1 课时：设计为 40 分钟，利用 20 分钟让学生在 1～100 的自然数中找出某个 10 以内的自然数的所有倍数。让学生用小正方形拼长方形，学习找一个数的因数的方法。

第 2 课时：40 分钟。让学生在百数表中圈出 5 的倍数和 2 的倍数，并探索 2 和 5 的倍数的特征，然后再进行验证，得出结论，并领悟其中的数学原理。

第 3 课时：50 分钟。学生已具有探索 2 和 5 的倍数的特征的经验，让学生自主探索 3 的倍数的特征，并领悟其中的数学原理。

第 4、5 课时：各 40 分钟。让学生用小正方形拼长方形，学习寻找质数和合数的方法。

第 6 课时：60 分钟。巩固练习、解决问题，提升综合应用知识的能力。

其中第 3 课时"3 的倍数的特征"作为本单元深度学习的重要课时，主要有两个学习任务。第一个学习任务为从旧知 2、5 的倍数引发学生思考 3 的倍数，激发学生的学习兴趣和主动性，使学生集中于课

堂教学。第二个任务为找 3 的倍数的特征，具体分为三个步骤：第一
个步骤是让学生进行 3 的倍数的特征的猜想；第二个步骤是让学生通
过自主、合作学习进行探索，验证猜想的正确与否；第三个步骤是让
学生通过小棒的方式发现蕴含的数学原理。总体是要让学生由上节课
所学习的 2、5 的倍数的特征类推去探索 3 的倍数的特征。各个具体学
习活动之间的关系如下图所示。

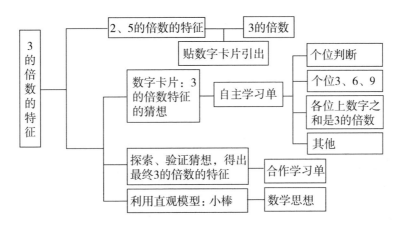

2. 单元学习规划

单元学习规划设计

课时	学习目标	学习内容	学习活动	学习资源
第 1 课时：因数与倍数	1. 学生通过游戏活动发现一个数的因数、倍数的规律，并理解因数与倍数的概念。 2. 在活动中提高观察、分析能力。 3. 激发探索整数奥秘的兴趣	学生在 1～100 的自然数中找出某个 10 以内自然数的所有倍数。用小正方形拼长方形，学习找一个数的因数的方法	1. 通过让学生摆长方形，用乘法算式表示不同长方形的形状、大小，使学生初步感知倍数和因数的关系，用数字卡片举例说出谁是谁的因数、谁是谁的倍数，揭示因数与倍数的关系。 2. 在数字卡片中找出	小正方形、数字卡片、学习研究单

课时	学习目标	学习内容	学习活动	学习资源
第1课时：因数与倍数			18、24……的因数，小组讨论有怎样的发现，猜想有怎样的规律。 3. 找出数字卡片中10以内任意数的倍数，小组讨论有怎样的发现，猜想有怎样的规律	
第2课时：2、5的倍数的特征	1. 在发现2、5的倍数规律的过程中，提升观察、分析、抽象、概括能力。 2. 了解奇数与偶数，并会判断。 3. 养成科学探索真理的精神	学生在数字卡片中找出5的倍数和2的倍数，并探索2、5的倍数的特征，再进行验证，得出结论，并领悟其中的道理	1. 以学生抽取数字卡片为素材，判断哪些是2的倍数，哪些是5的倍数。 2. 观察2的倍数，有什么发现？观察5的倍数，有什么发现？ 3. 猜想2的倍数、5的倍数有什么规律，并进行验证。 4. 归纳出结论，并领悟其中的道理	数字卡片、小棒、学习研究单、教材、习题材料、多媒体
第3课时：3的倍数的特征	1. 通过列举、观察、猜想、验证、推理，领略探索数学规律的策略方法，发现3的倍数规律，形成观察、分析、抽象概括能力。 2. 在活动中初步形成敢于质疑、勇于探索、追求真理的科学精神	学生在已具有探索2、5的倍数的特征的经验上自主探索3的倍数的特征，并领悟其中的道理	1. 以学生抽取数字卡片为素材，开展猜奖游戏：数字卡片是2、5的倍数的获奖，数字卡片是3的倍数的获奖。 2. 观察3的倍数，小组讨论有什么发现？ 3. 猜想3的倍数的规律，小组内举例验证。 4. 师生共同探索其蕴含的数学原理。 5. 课外探究9的倍数的规律	数字卡片、小棒、学习研究单、教材、习题材料、多媒体、微视频

续表

课时	学习目标	学习内容	学习活动	学习资源
第4、5课时：质数与合数	1. 在分类中把握质数与合数概念的本质特征，并会判断。 2. 在活动中学会观察、分析、抽象、概括的方法	让学生用小正方形拼长方形，学习寻找质数和合数的方法	1. 用 12 个小正方形可以拼成三种长方形，并按要求填写表格。 2. 观察相关表格，有什么发现？ 3. 判断数字卡片中的质数、合数	小正方形、数字卡片、学习研究单
第6课时：奥秘大观园	1. 通过回顾与梳理，巩固因数与倍数，2、5 和 3 的倍数特征，质数与合数等核心知识的掌握。 2. 通过展示与交流，沟通核心知识间的内在联系。 3. 通过问题解决，提升综合应用知识的能力	巩固练习、解决问题，提升综合应用知识的能力	1. 回顾梳理本单元的核心知识，并进行展示交流。 2. 开展解决实际问题的活动	数字卡片、教材、习题材料、多媒体、视频

◎ **持续性评价**

持续性评价方案设计

序号	评价目标	评价任务	评价标准	评价方式
1	通过活动发现一个数因数与倍数的规律，并理解因数与倍数的概念，提高观察、分析能力	课前： 关注学生抽取的数字卡片能不能激发探索整数奥秘的兴趣。 课中： 1. 关注学生能不能	1. 对抽取的数字卡片没有兴趣。 2. 对抽取的数字卡片有兴趣，想探究新知。 3. 在 1~100 的自然数中，不能完整找出某个 10 以内自然数的所	课堂观察、自主学习单、小组合作学习单、提问、展示评价

续表

序号	评价目标	评价任务	评价标准	评价方式
1		在 1~100 的自然数中，找出某个 10 以内自然数的所有倍数。2. 关注学生能不能在 1~100 的自然数中，找出某个自然数的所有因数	有倍数和某个自然数的所有因数。4. 在 1~100 的自然数中，能完整找出某个 10 以内自然数的所有倍数和某个自然数的所有因数	
2	在发现 2、5 的倍数规律的过程中，学会观察、分析、抽象概括，形成科学探索真理的精神	课中：1. 关注学生能不能根据 2、5 的倍数的特征，判断一个非零自然数是否为 2、5 的倍数。2. 关注学生能不能利用小棒体会 2、5 的倍数的特征蕴含的数学原理	1. 不能根据 2、5 的倍数的特征准确判断一个非零自然数是否为 2、5 的倍数。2. 能准确判断一个非零自然数是否为 2、5 的倍数。3. 不能体会 2、5 的倍数的特征蕴含的数学原理。4. 能体会 2、5 的倍数的特征蕴含的数学原理，并会解释其本质内涵	课堂观察、自主学习单、小组合作学习单、提问、展示评价、课堂小测试
3	通过列举、观察、猜想、验证、推理，领略探索数学规律的策略方法，发现 3 的倍数的规律；形成观察、分析、抽象概括能力和敢于质	课中：1. 关注学生能不能根据 3 的倍数的特征，判断一个非零自然数是否为 3 的倍数。2. 关注学生能不能利用小棒体会 3 的倍数的特征蕴含的数学原理。	1. 学生不能正确判断自己手中的数字是不是 2、5、3 的倍数。2. 学生能正确判断自己手中的数字是不是 2、5、3 的倍数。3. 学生不能体会 3 的倍数的特征蕴含的数学原理。4. 学生能体会 3 的倍	前测、课堂观察、自主学习单、小组合作学习单、提问、展示评价、课后访谈

序号	评价目标	评价任务	评价标准	评价方式
3	疑、勇于探索、追求真理的科学精神	3. 关注学生能不能根据2、5、3的倍数的特征,判断一个非零自然数是否为2、5、3的倍数。 课后: 关注学生能不能运用所学知识和方法自主探究9的倍数的特征	数的特征蕴含的数学原理,并能解释手中的数字是2、5、3的倍数的原因	
4	在了解质数与合数概念的过程中,把握质数与合数的本质特征,并学会观察、分析、抽象概括的方法	课中: 1. 关注学生是否能正确判断一个非零自然数是奇数或偶数。 2. 关注学生是否能正确判断一个数是质数或合数	1. 学生不能正确判断自己手中的数字是不是奇数、偶数、质数、合数。 2. 学生能正确判断自己手中的数字是不是奇数、偶数、质数、合数。 3. 学生能掌握各个数概念的本质内涵	课堂观察、前测、自主学习单、小组合作学习单、后测
5	通过展示与交流,巩固因数与倍数,2、5和3的倍数的特征,质数与合数等核心知识的掌握;沟通核心知识间的内在联系,提升综合应用知识的能力	课中: 1. 关注学生是否能运用数的特征进行准确判断。 2. 关注学生是否具有分析、推理、应用意识。 课后: 关注学生是否能解决生活中相关知识的实际问题	1. 学生不会运用数的特征进行准确判断,以解决生活中相关知识的实际问题。 2. 学生会运用数的特征进行准确判断,解决生活中相关知识的实际问题。 3. 学生具有分析、推理、应用的意识	课堂观察、自主学习单、小组合作学习单、提问、展示评价、课堂小测试

◉ **教师反思**

1. 关注学情，改变素材，激发探究兴趣

用孩子们自己随机抽取的数字号作为探究素材，可以激发孩子们探究的兴趣。在整个单元课的引入、探究、练习中都用手中的数字号，让本显得枯燥的理性探究数的倍数特征在孩子们的游戏中变得有趣起来。这样，孩子们对自己抽取的数字号会有更深的认识，深刻领悟因数、倍数、奇数、偶数、质数、合数等的内涵本质特征，以及 2、3、5 的倍数的特征；领悟自己抽取的数字号既有独特身份的，也有多重身份的。相信学生的记忆是深刻的，教学是有效的。

2. 关注学生自主建构知识的学习过程

教学中，放手让学生自己探索因数、倍数、奇数、偶数、质数、合数的概念内涵，以及猜想 2、3、5 的倍数的特征，积极尝试寻求多个角度解决问题的方法，让学生在独立思考、生生交流、师生交流中经历"观察发现""猜想验证""归纳概括"的过程，从中积累数学活动经验，培养学生抽象、归纳、概括的能力。在举正例或反例来验证 2、3、5 的倍数特征中培养学生批判质疑、敢于探究的科学精神，教会学生学会学习，培养学生的核心素养。

3. 关注学生潜能开发，开展深度学习

课标指出：数学学习过程应该是充满探索与挑战性的活动。对于善于动脑、喜欢寻根问底的学生，应该关注他们的潜能。不仅让学生归纳概括出表象的特征，而且让学生在直观分小棒的过程中理解 2、3、5 的倍数特征蕴含的更为深层次的数学原理，让学生知其然，还要知其所以然，达到深度学习的目的。

⊙ **附件**

深度学习（课时）教学流程

第 3 课时	
学习目标	1. 学生利用数字卡片发现并掌握 3 的倍数特征，能准确判断一个数是不是 3 的倍数。 2. 学生经历 3 的倍数特征的探究过程，积累"观察发现""猜想验证""归纳概括"等数学活动经验，形成观察、分析、抽象概括的能力。 3. 学生借助小棒模型直观理解 3 的倍数特征中蕴含的数学原理。 4. 学生通过列举、观察、猜想、验证、推理，领略探索数学规律的策略方法，初步形成敢于质疑、勇于探索、追求真理的科学精神

教学环节	学习活动	评价要点
环节一：中奖游戏找 2、5 的倍数，引出 3 的倍数	出示游戏规则：学生任意抽取一个数进行开奖活动。 1. 第一轮中奖号码是：2 的倍数。 师：手中卡片是 2 的倍数的同学站起来，大家检查他们是否真中奖了。采访（如 14 号学生）第一轮就中奖了，高兴吗？为什么中奖了？怎样判断的？ 2. 第二轮中奖号码：5 的倍数。 师：手中卡片是 5 的倍数的同学站起来，大家检查他们是否真的中奖了。采访没有中奖的，为什么那些同学中奖了？怎样判断的？ 3. 最后采访（如 40 号学生）：为什么中了 2 次奖？ 师：祝贺你，既是 2 的倍数又是 5 的倍数。2、5 的倍数的共同特征是：个位必须是 0。（复习 2、5 的倍数的特征） 4. 第三轮中奖号码：3 的倍数。 师：自己判断手中卡片是 3 的倍数吗？如果你认为手中卡片是 3 的倍数的请把卡片贴在左边，认为不是的请把卡片贴在右边。 5. 师：仔细检查，这些数的位置都贴对了吗？（让学生上台进行相应调整，学生开始反思、质疑）刚才同学们的判断有对有错，有的还有些犹豫。下面你们任	课堂观察：抽奖游戏是否贴近学生的实际生活，学生是否喜欢做游戏，问题情境是否有效。 关注活动中学生是否正确判断自己手中的卡片是不是 2、5 的倍数，并能够解释为什么中奖，说明手中的数字是 2、5 的倍数的原因。 关注学生之前的学习情况，

续表

教学环节	学习活动	评价要点
环节一：中奖游戏找 2、5 的倍数，引出 3 的倍数	意说一个三位数或四位数，老师都能快速判断它是不是 3 的倍数。（说数，写数，判断，用计算器验证）是什么样的秘密武器让老师快速回应呢？想拥有这样的本领吗？我们就来一起研究 3 的倍数究竟有怎样的特征。	引出新的学习内容。 课堂观察：老师的快速反应能否让学生产生疑问，激发学生去探索 3 的倍数的特征的积极性
环节二：找 3 的倍数的特征	步骤一：自主探究、小组合作、全班交流、猜想特征 1. 仔细观察这些数，大胆猜想一下 3 的倍数有什么特征？把你的猜想写在自主学习单（见下表）上。 **自主学习单** <table><tr><td>**自主学习要求**</td><td>仔细观察这些数，猜一猜 3 的倍数有什么特征?</td></tr><tr><td>**我的猜想**</td><td></td></tr></table> 2. 收集，展示汇报交流，全班交流、质疑。 3. 师：我们一起看看这几位同学的猜想。（依次汇报，全班交流、质疑）你们听明白他们的猜想了吗？有什么疑问？ 预设一：能不能像 2、5 的倍数的特征一样，根据个位来判断，为什么？（个位可以是任何数）你能举例来说明吗？ 预设二：个位上是 3、6、9 的数都是 3 的倍数吗？你们能举个例子吗？（3 的倍数特征不能只看个位，要换个角度来研究）看来你们的猜想对有的数合适，对有的数不合适，说明你们还没有找到 3 的倍数的最本质特征。 预设三：一个数各位上的数字之和是 3 的倍数。你们听明白他说的猜想了吗？有什么疑问？各位上的数字之和是什么意思？你们能举例来说明吗？（123 因	关注自主学习任务单，学生先自主思考，填写任务单后全班进行交流，提出对 3 的倍数特征的不同猜想。 课堂观察：学生是否由自主思考转向合作交流，并批判、质疑地学习。 关注学生之间的相互评价，在互评中发现问题、解决问题。 关注学生是否

续表

教学环节	学习活动	评价要点
	为 1+2+3＝6，6 是 3 的倍数，所以 123 是 3 的倍数。） 预设四：还有别的猜想吗？ 换个角度来观察，把各个数位上的数加起来，看看你有什么发现？每个数位的数字相加的和是 3、6、9，也就是和是 3 的倍数。我们一起验证左边任意一个数。 通过大家的交流，你认为哪位同学的猜想是 3 的倍数的特征？	能够发现正确的结论，懂得批判质疑，对错误的猜想做出相应的解释。
环节二：找 3 的倍数的特征	步骤二：小组合作学习，举例、验证任意数是否适用。 1. 师：你们的猜想真的正确吗？你们打算怎么办？任意举一个数为例试一试，怎样进行验证？（鼓励学生用不同的方式对猜想进行验证） 师：（有学生提出用计算器验证原来的数是不是 3 的倍数）好！我们每组都来试一试。 2. 小组合作学习单。（见下表） 小组分工合作：一人任意举例，一人用特征计算，一人用计算器验证，一人检查。	课堂观察：小组合作学习中组内交流：要求让 C 层次①的孩子先说，再让 B、A 层次的孩子进行补充，能否发现数字卡号中隐藏的数学规律。

小组合作学习单

举例	各位上的数的和是不是 3 的倍数	计算器验证	检查

教学环节	学习活动	评价要点
	通过举例验证，我们发现"一个数各位上的数的和是 3 的倍数，这个数就是 3 的倍数"这一结论是（正确或不正确的）。用这样的方法可以归纳出这样一个结论。 3. 师：学到这里，你有什么疑问吗？	关注学生之前的猜想：以小组为单位对猜想进行验证，填写小组合作学习任务单，观察学生是否有批判与质疑的意识。
	步骤三：直观分小棒理解 3 的倍数特征蕴含的数学原理，借助直观的教具小棒，在分一分、摆一摆的过	课堂观察：用直观的教具小棒分

---

① 注：教师在学情分析的基础上，对学生的表现基本能做到心中有数，在头脑中将学生按理解水平高低大致分为 A、B、C 三个层次。

续表

教学环节	学习活动	评价要点
	程中，让学生明白 3 的倍数的特征学习中蕴含的更为深层次的数学原理，是一个思维提升的过程。 1. 师：对于 3 的倍数特征，你还想知道什么？2、5 倍数的特征只看个位就行了？而 3 的倍数特征为什么要把各位上的数字加起来看呢？ 真是一个很有深度的问题。我们可以通过分小棒来研究其中的道理。 2. 师：以 252 为例，根据数的组成，它是由几个百、几个十、几个一组成的？（学生把表示小棒的贴纸贴在黑板上） 3. 师：我们一部分一部分地分，先分 1 个百。几根几根地分呢？会剩下几根呢？（100 根小棒，3 根 3 根地分，最多分掉 33 个 3，也就是 99，剩下 1 根） 4. 师：那这 100 根呢？（剩下几根）2 个百会剩下几根呢？	一分、摆一摆，学生是否能够深刻理解 3 的倍数的特征，并发现和 2、5 的倍数特征的较为明显的区别
环节二：找 3 的倍数的特征	5. 师：这些小棒你会分了吗？（小组交流汇报，学生上台操作） 6. 师：仔细看看，能够决定这个数是不是 3 的倍数实际是由哪些小棒决定的？谁来圈一圈？你发现了什么？（每部分剩下的小棒根数恰好就是原来各个数位上的数字） 7. 微课展示：3 的倍数的特征的道理。 师：可以通过分小棒的方法来说明。比如，252 是 3 的倍数吗？根据数的组成，252 是由 2 个百、5 个十、2 个一组成的。每 100 根小棒 3 根 3 根地分，可以分掉 3 的最大倍数 99，2 个百就剩下 2 个 1，就是 2；5 个十分别分掉 5 个 9，十位共剩下 5；最后，各个数位上剩下的根数恰好相当于 252 每个数位上的数，因为 2+5+2＝9，9 是 3 的倍数，所以 252 就是 3 的倍数。 每个计数单位（个位除外）——十、百、千、万——除以 3 都会余下 1。 数位上有几个计数单位就会余下几，把每个数位上	关注学生是否体会到"特殊——一般"的科学研究方法、"发现——验证——归纳"的数学思想和方法

续表

教学环节	学习活动	评价要点
环节二：找3的倍数的特征	余下的数相加恰好相当于各个数位上的数的和。和如果是 3 的倍数，那这个数就是 3 的倍数；反之，则不是。现在你明白其中的道理了吗？ 8. 小结探究过程：通过猜想、举例验证，最后得出结论，而且还知道了其中的道理	
环节三：游戏活动，深入探究	师：（出示第四轮开奖）想知道最后中大奖的是哪一位同学吗？ 中奖号码：同时是 2、3、5 的倍数。学生上台取数，并说明理由是什么。（如 120） 师：送给你，今天最幸运的 2、3、5 的倍数同学，一张漂亮的书签。老师还送给你一句话，大声读给同学听一听。 生：学习知识要善于思考、思考、再思考。——爱因斯坦。 师：希望每一位同学在以后的学习中，善于思考、思考、再思考，学会知其然，还要知其所以然。	关注学生是否能找出既是 2、5 的倍数，又是 3 的倍数的数字卡片。 课堂观察：学生是否能将前面的学习串联到本节课，使前后知识贯穿；是否能在头脑中建立知识网络；是否能使思维发展有突破和发生迁移
环节四：课外延伸，学会探究	课后探究： 师：课后，我们可以运用今天所学的方法去探索研究一下 9 的倍数的特征，看一看跟我们之前学过的探索 2、5 的倍数的特征和 3 的倍数的特征是不是一样，又是不是有着不同的地方，不同的地方又是什么呢。	关注学生是否善于思考，是否会用数学的思维去看待问题，用数学的思维去解决问题

板 书 设 计

3的倍数的特征

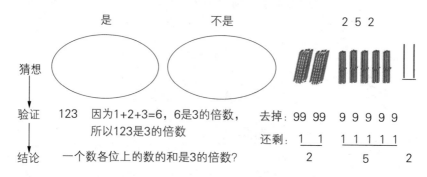

	是	不是	2 5 2
猜想			
验证	123　因为1+2+3=6，6是3的倍数， 所以123是3的倍数		去掉：99 99　9 9 9 9 9 还剩：1 1　1 1 1 1 1 　　　2　　5　　2
结论	一个数各位上的数的和是3的倍数？		

评价设计1： 单元评价内容

评价目标	评价题目
1. 在 1~100 的自然数中，能找出某个 10 以内自然数的所有倍数	评价可以从以下几个方面进行。 （1）直接写出一个数的倍数。如：请写出 9 的全部倍数。 （2）判断一些数是不是某个数的倍数。如：在 20，12，48，18，25，36 中，6 的倍数有（　　）。 （3）用集合的方式填空。如：将下列数填在合适的圈内 　　25　　35　　42　　10　　21　　75　　84 　5 的倍数　　　　7 的倍数　　　既是 5 的倍数 　　　　　　　　　　　　　　　　又是 7 的倍数
2. 能根据 2、5、3 的倍数的特征，判断一个非零自然数是否为 2、5 或 3 的倍数	如：（1）给下列数中 2 的倍数画对号，5 的倍数画圈，3 的倍数画正方形。 　8　21　24　22　45　65　72　85　89　90 （2）一个数比 30 大，比 50 小。 如果这个数是 2 的倍数，那么它是（　　　　）。 如果这个数是 3 的倍数，那么它是（　　　　）。 如果这个数是 5 的倍数，那么它是（　　　　）。 如果这个数既是 5 的倍数，又是偶数，那么它是（　　　　）

评价目标	评价题目
3. 在 1~100 的自然数中，能找出某个自然数的所有因数	说明：评价可以从以下几个方面进行。 （1）直接写出一个数的因数。 （2）判断一些数是不是某个数的因数。 （3）用集合的方式填数。
4. 会正确判断一个非零自然数是奇数还是偶数	将下列数填在合适的圈内。 25　64　70　671　248　165　77　88　9 　奇数　　　　　　　　偶数
5. 会正确判断一个数是质数还是合数	如：下列各数中，哪些数是质数？哪些数是合数？ 1　2　4　11　24　5　71　93 质数是（　　　　　）　　合数是（　　　　　　）

评价设计2： 重点课时（"3的倍数的特征"）

评价目标	评价题目
1. 能找出 3 的倍数	猜一猜：3 的倍数有什么特征？ 算一算：先找出 10 个 3 的倍数。
2. 理解 3 的倍数的特征一： 与末位数无关	验证：下面各数，哪些数是 3 的倍数呢？ 14　35　45　100　332　876　74　88　210　54　216 129　9231　9876
3. 理解 3 的倍数的特征二： 与数字的顺序无关	给出三个数让学生判断：92　165　7203 打乱一下每个数各数位上数字的顺序，新组成的数还是 3 的倍数吗？你们有什么发现？
4. 理解 3 的倍数的特征三： 除去是 3 的倍数的单个数字，剩下的数还是 3 的倍数	怎样更快速判断这个数是不是 3 的倍数？出示：98763963。（只用几秒就算出来了，谁想到了？只算 2 个数，为什么其他数不用看？划去是 3 的倍数的单个数字，只看剩下的数相加是不是 3 的倍数？学生体会划去单个数字是 3 的倍数，剩下的数还是 3 的倍数）

附　录

附 录 一

主要术语或重要内容索引

附 录 二

必 备 工 具

1. 深度学习目标的评估

要素	内容
一致性	体现数学课程标准和教材的主要知识，水平符合学生实际情况
本体性	以具体数学知识为载体，指向学生对数学学科思想和方法的理解
发展性	指向运用数学知识进行问题解决能力的发展
可测性	目标具体可探查，体现期望学生达到的程度

2. 深度学习主题活动设计的评估

要素	内容
一致性	学习活动内容与深度学习目标相契合，落实数学学科思想方法与素养
系统性	各个活动间有逻辑联系，符合学生认知发展规律和问题解决过程
挑战性	任务具有挑战性和适切性，能让学生深度参与并获得深刻体验
参与性	学生有更多参与数学学习活动和交流的机会
多样性	学习活动形式符合学生年龄特点，运用多样化的形式提高数学学习兴趣

3. 持续性评价方案的评估

要素	内容
一致性	与深度学习目标一致，指向理解和思维发展，确定清晰的评价内容和评价标准
系统性	评价内容、评价工具、评价形式之间紧密关联
过程性	评价和反馈意见贯穿学习活动始终，对学习过程和结果评价，评价反馈的内容详细、具体，有利于学生的理解
激励性	采用多主体、多样化评价方式，指向目标达成、活动表现等，评价内容和方式激励学生在原有水平上发展

附录三

区域教研推动深度学习的工作经验①

2015年5月8日，北京市海淀区小学数学学科正式启动深度学习教学改进项目（以下简称"深度学习项目"）。在学习项目理论并进行实践的过程中，我们不断汲取助力项目生长的"养分"，对深度学习项目形成了自己的认识和理解。

项目提出了深度学习的四个基本要素，它们分别是：单元主题学习（中心任务）、深度学习目标（活动预期）、深度学习教学活动（学习过程）、持续性评价（达成反馈）。在践行深度学习项目中，我们切实感受到在这四个要素的相互作用下，学生的深度学习才得以发生。而在这四个要素中，最本源的是"单元主题学习（中心任务）"的确立，因为这种主题式的教学设计，从根本上避免了学生碎片化的、接受式的学习，建立了结构化的、逻辑化的以及更容易内化的学习内容。在构建主题式教学设计时，教师要整体把握课程内容，而学生也能在教师引导下自主地构建知识之间的内在联系，迁移理解内化，真正形成有意义的深度学习。

在即将进入项目的研究和实施阶段之前，我们深入思考了三个问题：（1）就小学数学学科来讲，和平时的学习相比，深度学习的"深"应该体现在哪里？（2）深度学习项目中，单元学习主题和单元学习目标应如何确定？（3）当下提出的核心素养与深度学习的关系是怎样的？带着对以上三个问题的深思，我们开始了小学数学学科的项目研究之路。

---

① 本文来自北京市海淀区教师进修学校的实施经验。

（一）全面理解深度学习项目的内涵及意义

深度学习是指在教师引领下，学生围绕着具有挑战性的学习主题，全身心积极参与、体验成功、获得发展的有意义的学习过程。在这个过程中，学生掌握学科的核心知识，理解学习的过程，把握学科的本质及思想方法，形成积极的内在学习动机、高级的社会性情感、积极的态度、正确的价值观，成为既具独立性、批判性、创造性，又有合作精神，基础扎实的优秀的学习者，成为未来社会历史实践的主人。对深度学习项目内涵的学习使我们明确了两点：一是学生的深度学习需要通过教师的深度教学来实现，如教师要设计可供学生深度探究的学习主题；二是深度学习的培养目标不仅仅着眼于知识，更要关注人的全面发展。

有了对小学数学学科深度学习内涵的理解，对这个项目实施的意义和价值，我们也有了更加清晰的认识：第一，这个项目最终要获得的，绝不仅仅是学生的深度学习的发生，还要伴随着教师的专业成长。第二，海淀区作为实验区和示范区，应该具有更长远的眼光，即项目的受益者不能仅仅只是几所小范围的实验校，而应该探索出能够在区域乃至全国开展深度学习的策略。明晰了项目的内涵和意义后，"深度之路"如何走，我们心里更加笃定了。项目的探索绝不是一帆风顺的，每当我们又有了困惑，都要再回过头来看看"初衷"。

（二）项目实施中的工作思考与策略

1. 关于单元学习主题的选择

基于小学数学学科的教学特点，单元学习主题主要分两大类：第一大类是依据数学课程和教材确定的核心内容为单元主题。如20以内数的认识、整数加减法、分数的认识、长方形与正方形的认识、面积与面积计算等内容。第二大类是跨教材单元的相关内容整合而生成的单元学习主题，如综合与实践领域内容。这两大类单元学习主题的主要区别在于：第一大类的单元学习主题中蕴含新知识的学习，第二大类则重在对知识的综合运用。

第一大类的单元学习主题比较丰富。如有反映数学本质的，其主题名称为"分之愈小，割之弥细"，主要体现的是单元学习内容"小数除法"的数学本质；有突出学生活动的，其主题名称为"货币与我们"，主要是让学生在亲自用货币模拟交易的过程中，认识并应用货币；有促进学生数学思维发展的，其主题名称为"基于'平均数的应用'培养数据分析观念"，主要是让学生在平均数的运用和复习过程中，进一步发展数学学科核心素养——数据分析观念。以上这些，均包含在第一大类的单元学习主题中。日常教学中，第一大类的主题更为常见。第二大类的单元学习主题可以从教材上"数学好玩""数学广角"中选取，也可以自主开发，比如单元学习主题"玩转面与体"，意图通过研究立体图形及其展开图的关系来发展学生的空间观念。

这里要特别说明的是，单元学习主题不一定局限于教材的自然单元——当然，自然单元也可以。最为常见的单元学习主题，可能是数学核心知识所构成的，如"面积和面积单位""大数的认识"等。海淀区小学数学团队在选取这些知识板块作为单元学习主题时，还会考虑到知识板块本身是数学的典型常规内容，是教师必须面对和处理的，同时这些内容也方便为后续的内容或相似的内容提供范例。

2. 关于单元学习目标的确立

单元学习目标的设定一定要与深度学习项目设立的初衷联系起来。深度学习试图聚焦并将学生成长的各方面因素真正联系起来，是把学生的成长放在更长的时间轴上来考量的，它关注的绝不仅仅是学生对知识技能掌握的深浅，而是学生成长各方面的知识、能力情感态度价值观等，这与现代教育理念是深度切合的。而我们认为，能够把知识、能力、情感态度价值观等综合体现出来的，就是正在被教育界广泛讨论的"核心素养",所以核心素养是深度学习的目标之一。把核心素养作为深度学习教学改进项目的重要目标之一,确实让我们打破了以往的教学瓶颈,改变了课堂,使我们真正从学科教学走向了学科育人。

3. 关于学习活动的设计

和平时的学习相比,深度学习的"深"应该体现在哪里?这个问题我们思考了很长时间。就小学数学学科来讲,它主要体现在核心活动的设计中。我们认为,在核心活动中,要有"大情景"或"大问题"可供学生深度探究。那么,什么是"大情景"或"大问题"?我们的界定如下:

(1)"大情景"或"大问题"一定是反映数学学科本质的,是和数学本质最密切相关的。

(2)"大情景"或"大问题"一定是能引起学生的探究欲望,使学生产生不断探究的需要的;还会与学生的经验和前概念有冲突,让学生在解决冲突的过程中,通过探究,理解数学本质,从而达到培养学生核心素养的目的。

在参与深度学习项目的过程中,我们切实感受到了学生的深度学习来源于教师的深度设计,尤其是课堂上,学生对数学中核心、关键概念的理解不能仅仅只是靠讲授。在核心活动中,学生有问题可以思考,有活动可以探究,概念的建立在他的脑海里才是鲜活的,思维才是有生长的。

4. 关于教学评价的设计

深度学习的要素之一是持续性评价,这使我们关注到真正有效的教学中"过程性评价"是不能缺席的。在形式上,持续性评价未必一定是题目的测试,也有可能是学生在活动过程中的表现性评价,也可以有一些评价量表。

　　当然，关于数学学习内容仍然是必不可少而且至关重要的。我们认为评价最核心的本质是要区分不同的认知层次。以"小数除法"这个单元为例，它着重要培养学生的运算能力，教师可以从以下角度思考持续性评价的设计：（1）学生对算理的理解是重要的主题目标之一，那么这样的理解可分为几个层次？（2）如何设计题目才能体现对算理理解的不同层次？这样设计出的评价，在本质上不会脱离运算能力的培养。

附 录 四

学习资源推荐

［1］布兰思福特，等．人是如何学习的：大脑、心理、经验及学校　扩展版［M］．程可拉，孙亚玲，王旭卿，译．上海：华东师范大学出版社，2013.

［2］富兰，兰沃希．极富空间：新教育学如何实现深度学习［M］．于佳琪，黄雪锋，译．重庆：西南师范大学出版社，2016.

［3］郭华．深度学习及其意义［J］．课程·教材·教法，2016（11）：25-32.

［4］郭元祥．知识的性质、结构与深度教学［J］．课程·教材·教法，2009（11）：17-23.

［5］何玲，黎加厚．促进学生深度学习［J］．现代教学，2005（5）：29-30.

［6］焦尔当．学习的本质［M］．杭零，译.上海：华东师范大学出版社，2015.

［7］里德，贝格曼．课堂观察、参与和反思［M］．5 版.伍新春，夏令，管琳，译.北京：教育科学出版社，2009.

［8］李松林．深度教学的四个实践着力点：兼论推进课堂教学纵深改革的实质与方向［J］.教育理论与实践，2014（31）：53-56.

［9］刘月霞．以深度学习释放课改"红利"［N］.中国教育报，2017-04-05（9）.

［10］刘月霞，郭华．深度学习：走向核心素养（理论普及读本）［M］.北京：教育科学出版社，2018.

［11］马云鹏．深度学习的理解与实践模式：以小学数学学科为例［J］.课程·教材·教法，2017（4）：60-67.

［12］史宁中．基本概念与运算法则：小学数学教学中的核心问题［M］．北京：高等教育出版社，2013．

［13］田中耕治，松下佳代，西冈加名惠，等．学习评价的挑战：表现性评价在学校中的应用［M］．郑谷心，译．上海：华东师范大学出版社，2015．

［14］姚林群，郭元祥．新课程三维目标与深度教学：兼谈学生情感态度与价值观的培养［J］．课程·教材·教法，2011（5）：12-17．

［15］张治勇，李国庆．学习性评价：深度学习的有效路［J］．现代远距离教育，2013（1）：31-37．

后 记

2014 年，教育部基础教育课程教材发展中心开始开展深度学习教学改进项目研究。小学数学学科的深度学习研究由马云鹏（东北师范大学）、吴正宪（北京教育科学研究院）、崔海江（河北省教育科学研究所）等负责。参与小学数学学科深度学习教学改进项目研究的单位有北京市海淀区教师进修学校、重庆市南岸区教育局、广东省广州市南沙区教育局等。

在项目研究过程中，北京市海淀区教师进修学校孙京红、付丽，东北师范大学孙兴华，北京市顺义区教育研究和教师研修中心张秋爽等，做了大量的策划、研究、组织、分析和整理工作。清华大学附属小学、中国人民大学附属小学、北京石油学院附属小学和北京市海淀区民族小学等学校的老师参与了项目研究的全过程，在小学数学深度学习的设计、改进、观摩、总结等环节的研究中发挥了重要作用。课题组经过多年的理论研究与实践探索，取得了小学数学学科深度学习教学改进研究的系列成果。

本书的形成是集体智慧的结晶。各章编写人员为：第一章马云鹏；第二章孙兴华；第三章马云鹏，孙兴华；第四章吴正宪，张秋爽，北京市顺义区石园小学陈春芳，首都师范大学附属顺义实验小学李朝霞、史颂，北京市房山区教师进修学校武维民，中国人民大学附属小学石秀荣、侯乐霞、刘大鹏，清华大学附属小学郝晓红、付建慧，北京石油学院附属小学贾素艳、邵钦、刘文静、孙雅娟、马洁、谢利利，重庆市南岸区弹子石小学校万莉、唐易寰、王森林、李敏等。全书由马云鹏统稿。

感谢教育部基础教育课程教材发展中心对本项目研究的科学设计、具体指导和精心组织。感谢教育科学出版社对本书的策划、编辑和出版，以及郑莉编辑为本书所做的大量细致的编校工作。

希望本书的出版为小学数学深度学习的理论研究与实践探索提供参考，推动小学数学课程与教学改革的发展。

深度学习教学改进项目小学数学学科组
2019 年 1 月

出 版 人　李　东
策划编辑　刘　灿　池春燕
责任编辑　郑　莉
版式设计　宗沅书装　孙欢欢
责任校对　张晓雯
责任印制　叶小峰

图书在版编目（CIP）数据

深度学习：走向核心素养. 学科教学指南. 小学数
学 / 马云鹏主编；教育部基础教育课程教材发展中心，
课程教材研究所组织编写. —北京：教育科学出版社，
2019.3（2023.12 重印）
（深度学习教学改进丛书 / 田慧生主编）
ISBN 978-7-5191-1845-7

Ⅰ.①深…　Ⅱ.①马…　②教…　③课…　Ⅲ.①小学数
学课—教学研究　Ⅳ.①G623

中国版本图书馆 CIP 数据核字（2019）第 041881 号

深度学习教学改进丛书

深度学习：走向核心素养（学科教学指南·小学数学）
SHENDU XUEXI：ZOUXIANG HEXIN SUYANG（XUEKE JIAOXUE ZHINAN·XIAOXUE
SHUXUE）

出版发行	教育科学出版社			
社　　址	北京·朝阳区安慧北里安园甲 9 号	市场部电话	010-64989009
邮　　编	100101	编辑部电话	010-64981357
传　　真	010-64891796	网　　址	http://www.esph.com.cn
经　　销	各地新华书店			
制　　作	北京金奥都图文制作中心			
印　　刷	保定市中画美凯印刷有限公司			
开　　本	720 毫米×1020 毫米　1/16	版　　次	2019 年 3 月第 1 版
印　　张	11.75	印　　次	2023 年 12 月第 12 次印刷
字　　数	141 千	定　　价	35.00 元